GOTTESDIENST PRAXIS SERIE B

Arbeitshilfen für die Gestaltung von Gottesdiensten zu Kasualien, Feiertagen, besonderen Anlässen und Arbeitsbücher für die Gemeindepraxis

Herausgegeben von Erhard Domay

Gütersloher Verlagshaus

OSTERN

Gottesdienste, Predigten, liturgische Texte

Herausgegeben von Erhard Domay

Gütersloher Verlagshaus

Die Deutsche Bibliothek - CIP-Einheitsaufnahme

Gottesdienstpraxis. - Gütersloh : Gütersloher Verl.-Haus.

Ser. B, Arbeitshilfen für die Gestaltung von Gottesdiensten zu Kasualien, Feiertagen, besonderen Anlässen und Arbeitsbücher für die Gemeindepraxis / hrsg. von Erhard Domay.

Ostern; Gottesdienste, Predigten, liturgische Texte. - 2001
ISBN 3-579-03110-4

ISBN 3-579-03110-4

Satz: Fotosetzerei Steggemann, Herford
Umschlagentwurf: Franz Wöllzenmüller, Oberhaching
Titelfoto: © Jörn Sackermann, Köln
Druck und Bindung: Těšínska Tiskárna AG Český Těšín
Gedruckt auf chlorfrei gebleichtem Werkdruckpapier

Printed Czech Republic

Inhalt

Predigten

Literarische Einführung

Kirsten Kötter

O-Stern

Tanja hat Krebs, aber niemand aus der Familie weiß das. Das Wetter paßt nicht zu Ostern. Wahrscheinlich ist das tatsächlich Schnee, was der Wind da draußen an die Scheibe klatscht, auch wenn es als Wassertropfen am warmen Glas nach unten rinnt. Die Straßenbahn braucht endlos für die wenigen Meter bis zur Station, weil sie zuerst alle Autos von den Schienen scheuchen muß, die dort auf das Grün der Ampel warten. Beim Aussteigen, noch auf der Treppe, sprüht ihr der Wind eine Handvoll prickelnder Tropfen ins Gesicht, und Tanja dreht sich auf dem Bahnsteig mit geschlossenen Augen ein paar Sekunden lang in seinen nassen Atem, obwohl er ständig seine Richtung wechselt: Sie wünscht sich mit aller Macht frisch, hell und rein. Vielleicht ist das der Grund, daß sie in die Drogerie geht.

Warum sind Drogerien immer neonhell beleuchtet wie ein Krankenhaus? Sperren die dunklen Schatten aus und den Schmutz und den Tod? Im weißen Licht sieht Tanja lange Reihen von Flaschen neben- und übereinander: Deodorant, Shampoo, Haarspülung. Die knallbunten Plastikdeckel quietschen schweinchenrosa, schreien sie grasgrün an, blutrot und zitronengelb. Bunt wie Plastikostereier. Als Kind habe ich mit Karin Hunderte von Eiern bemalt, denkt Tanja. Schon Wochen vorher haben wir Rührkuchen gebakken und die Eier mit vollen Backen auf die Margarine geblasen, bis uns schwindelig wurde. Zuerst haben wir dann den Wasserfarbkasten genommen. Aber das war Karin nicht perfekt genug: Wir hatten runde Farbflekken auf den Fingerspitzen und kleine weiße Punkt auf dem bemalten Ei, da, wo wir es mit den Fingern hielten. Und wenn wir versuchten, das Ei zu ringeln, sind die nassen Farben ineinandergelaufen und in langen Streifen am Ei runter auf den Tisch getropft. Deshalb hat Karin Filzstifte verordnet. Wir kritzelten hellbraune Häschen drauf, die aufrecht in der grünen Wiese standen, ein Ohr abgeknickt, das andere in den blauen Himmel gereckt, bei dem wir ein paar Löcher weiß für die Wolken ließen ... - Tanja geht an der Osterdekoration vorbei - Alles muß raus: Häschen und Eierchen, Weidenkränzchen mit Vögelchen -, ohne hinzuschauen.

Tanja geht nach hinten durch, zum Vogelfutter, den Hundeleinen und der Schuhputzcreme und dreht wieder um. Wie ordentlich hier alles ist, denkt sie. Gleich vorn am Eingang alles, damit der Körper nicht stinkt. Mein Körper stinkt nie mehr, fällt ihr ein, der ist im Krankenhaus für immer und ewig desinfiziert worden. Plastikkörper. Die haben mir sogar blaues Desinfektionsmittel in die Adern gespritzt. Bleich ist ihr Körper vom Winter wie ein

Blatt Papier. Ein bißchen Farbe täte gut. Tanja nimmt eine Packung Haarfärbemittel aus dem Regal. 100 Frauen lächeln sie mit dem gleichen Lächeln an, obwohl es immer eine andere ist und jede hat einen Wust blondes, rotes oder schwarzes Haar um ihr lächelndes Gesicht. Karin mit neuen Haaren schocken und dann sagen: Ach, übrigens, ich habe Krebs. Sie stellt die Pakkung zurück. Lieber nicht. Tanja lächelt, als die Verkäuferin hinter der Kasse Frohe Ostern wünscht.
»Na, bei dem Wetter, ich weiß ja nicht, was das wird«, sagt sie leichthin. Als sie die elektronische Schranke passiert, wundert sie sich noch über die dralle Verkäuferin, gepierct, mit einem Ring an der Nase und zweien an der Augenbraue, obwohl sie mehr nach Gemüse-verkaufen-im-Dorf aussah. In diesem Moment beschließt Tanja, ins Dorf zu fahren. Sie wird den Zug nehmen und nicht das Auto und somit ihrem maßlosen Bedürfnis nach Schonung nachgeben. Sie wird Karin nicht (!) vorher anrufen – und niemanden hier in der Stadt.
Ob das ein Zeichen ist?, schreibt Tanja, die manchmal gegen abergläubische Gedanken kämpft, in das kleine schwarze Buch, das aussieht wie ein Adreßbuch. OK, sie wollte niemanden neben sich haben. Deshalb hat sie sich hierhin gesetzt, ohne weiter nachzudenken, in welche Richtung der Zug fahren wird. Jetzt hat sie die Lok im Rücken und sieht, wie die Stadt immer kleiner wird. Krebse kriechen rückwärts, hat ihr jemand mal gesagt. Einen roten Krebs stellt sie sich vor, der langsam durch ihre Zellen kriecht und mit den Scheren wackelt. Die wollten das Schalentier töten, schreibt sie, haben ein Messer genommen und mein Fleisch herausgeschnitten. Ich bin der Krebs. Ich krieche rückwärts. Sie schaut auf Bäume, die vor ihr zurückweichen. Tanja ist ganz froh über die Brille des jungen Mannes gegenüber: Seine Brillengläser spiegeln Sonne und Wolken. In ihnen kann ich sehen, was auf mich zukommt, schreibt Tanja, oder wenigstens erahnen, und schlägt das Buch zu. Er liest eine Fußballzeitschrift. Tanja übt leise den Satz: Karin, stell Dir vor, ich hab Krebs – da kommt der Schaffner. Er knipst in beide Fahrkarten, informiert ungefragt, wie oft der Zug noch halten wird. Sie haben dasselbe Ziel, merken beide überrascht und schauen sich das erste Mal richtig an. Und obwohl er sich wieder die Zeitschrift vornimmt und sie ihren Satz, schielen sie verstohlen rüber und überlegen, ob sie sich schon mal begegnet sind; das Dorf ist klein. 10 Jahre zwischen uns vielleicht, denkt Tanja. Der junge Mann schätzt sie jünger als sie ist und geht in Gedanken seinen engeren Bekanntenkreis durch. Tanja sieht in seiner Brille, wie sich die Sonne hinter einer Wolke hervorkämpft.
»Das Wetter wird besser«, sagt sie und zeigt hinaus.
Er schaut hastig auf, wirft einen knappen Blick nach oben, betrachtet dann forschend ins Gesicht: »Kennen wir uns nicht vom letzten Feuerwehrfest? Waren Sie das nicht, die im blauen Mantel mit Dani Polka getanzt hat?«
»Oh, ich war schon ewig nicht mehr auf dem Feuerwehrfest.«
Vielleicht hätten sie sich weiter unterhalten, wäre der Zug nicht gerade da

in einen Tunnel gefahren und wäre nicht die automatische Deckenbeleuchtung für Sekunden ausgefallen.
»Der Service der Bahn wird auch immer schlechter«, sagt er danach. Ihr fällt nichts Sinnvolles ein, aber sie nickt, staunt, wie weit die Kirschen schon sind, sonst ist es umgekehrt, warm in der Stadt und kalt auf dem Land. Ostern im Dorf, wenn es warm ist, wird alles gut, schreibt sie, kaut an dem Stift. Sie versichert sich bei seinen Brillengläsern: Sonne, dann schreibt sie weiter, will Ostern trennen, weil die Zeile zu Ende geht, schreibt automatisch: O-stern, stutzt. Sie erkennt den alten Schuppen in seinen Brillengläsern - haben sie den immer noch nicht abgerissen, obwohl er seit Jahren als Schande für das Dorf und den Fremdenverkehr gilt? -, steht als Erste auf. Mit einer höflichen Handbewegung läßt er ihr den Vortritt an der Tür, obwohl er es ist, der die rote Verriegelung nach unten drückt. Durch die Unterführung zum Haupteingang gehen sie noch nebeneinander. Tanja entfährt ein Schrei, als sie die Treppen aus dem schwarzglitzernden Stein wiedersieht, der wie ein Sternenhimmel funkelt. (O-Stern, denkt sie). Seit vielen Jahren ist sie nur mit dem Auto hergefahren.
»Was ist?«, fragt er.
»Ach, nichts.«
Auf der Straße bleibt er stehen: »Sehen wir uns morgen im Grünen Baum? Die ham ne Tanzkapelle.«
Beide blinzeln in die Sonne.
»Ach, ich weiß nicht, mal sehen, bin 'n bißchen angeschlagen gesundheitlich im Moment.«
Er hört nicht zu oder will nichts hören: »Bis dann!«, grüßt er mit erhobener Hand und geht nach links.
Das Dorf ist leer gefegt, niemand auf der Straße, die breiter wirkt als werktags, und die Sonne kämpft tatsächlich immer noch am Himmel, wenn auch blaß jetzt und ganz hinten am Horizont von einem hellrosa Streifen bedroht. Es war schon immer schwierig, nach Hause zu kommen. Tanja wollte Karin manchmal früher um den Hals fallen, traute sich aber dann im letzten Moment nicht, wenn sie die in den Taschen vergrabenen Hände sah. Heraus kam als lahmer Kompromiß ein Schulterklopfen, Küßchen auf die Wange oder ein verlegener Händedruck. Tanja überlegt den ganzen Weg über, der ihr doppelt so lang vorkommt wie sonst, ob sie umdreht. Aber ihre Füße laufen stetig Richtung Elternhaus, in dem nur noch Karin mit ihrer Familie wohnt, seit Vater vor neun Jahren zu Tante Magda zog. Tanja geht mitten auf der Straße, bis sie den Holzzaun sieht. Dann wechselt sie den Bürgersteig. Lars fährt mit dem Plastiktrecker im Hof herum. Als sie das Gartentor öffnet, läuft er schreiend zum Hintereingang: »Mama, Mama, Tante Tanja, Tanja.« Der umgestürzte Trecker bleibt liegen. Tanja steigt drüber. Karin steht schon fest in der Terrassentür, Hände in der Schürze, sieht ihr in die Augen und sagt ruhig »Hallo«, ehe sie sich abwendet und einen weiteren Teller und Besteck auf den fertig gedeckten Tisch stellt.

Beim Abendessen, es gibt Matjes auf Brot, sind Lars und Lara schüchtern. Jonas im Kinderstuhl schlägt mit dem Löffel auf den Brei, daß es spritzt. Tanja greift über den Tisch nach seiner Hand. Er schaut sie mit so großen, kullrigen Augen an, daß Tanja denkt, sie fallen ihm aus dem Kopf. Werner trinkt Bier. Karin hat verboten, beim Essen fernzusehen (»Nicht an einem Feiertag und nicht, wenn wir einen Gast haben.«). Nach dem zweiten vergißt er zu schmollen, legt sich Matjes aufs Brot, häuft Zwiebelringe drüber und erzählt von der Reifenfabrik. Daß niemand den neuen Vorarbeiter mag und einer neulich sogar gesagt hätte: »Eigentlich mußt Du das machen, Werner.« Nach dem dritten Bier, als Karin Jonas ins Bett bringt, schaltet Werner den Fernseher an, bleibt aber bei Tanja am Tisch, die ihn nach dem letzten Feuerwehrfest fragt. Die Pausen im Gespräch werden länger, Werner schaltet nervös an der Fernbedienung. Als Karin reinkommt, hören sie: »Mehr als 30 Prozent aller Befragten antworteten positiv. Sie glauben an die leibhaftige Auferstehung Jesu Christi ...«
»Ich kann mir das nicht vorstellen, wie sich die Toten aus der Erde befreien«, sagt Tanja, als Karins und ihr Blick ineinander tauchen. Es ist Tanja peinlich, aber Karin läßt sich nichts anmerken und richtet stoisch ihr Besteck auf dem Teller aus.
»Ich habe noch nie an ein Leben nach dem Tode geglaubt«, sagt sie ruhig, »und ich kann mir auch nicht vorstellen, daß 30 Prozent von was auch immer daran glauben.«
»Karin, Du weißt nie, wie so eine Befragung durchgeführt wird«, widerspricht Werner, »wenn Dich zum Beispiel jemand fragt, wie Du am Karfreitag aus der Kirche kommst. Nein, Karin, Du kannst jedes Ergebnis mit einer Befragung erreichen, ich sage Dir, jedes Ergebnis ...«
Tanja verabschiedet sich mit einer vagen Geste, verzieht sich in Laras Kinderzimmer, die heute bei Lars auf der Couch schlafen muß (»Immer ich, das ist ungerecht!«). Mitten in der Nacht wacht sie auf und weiß nicht, wo sie ist, fühlt sich verlassen wie früher, als Karin im Bett an der anderen Wand ruhig atmete. Karin stieß sie weg, wenn sie zu ihr ins Bett kroch. Karin weinte auch nie, wenn es jemand sehen konnte.
»Karin«, fragt Tanja am Frühstückstisch, »weißt Du noch, wie sie mir zu Ostern das blaue Fahrrad geschenkt haben?«
»Du warst fünf und ich war neun, es war ein dreiviertel Jahr danach«, sagt Karin, gebückt vor dem Küchenschrank und holt ein Joghurt heraus, »ich habe eine Blockflöte bekommen. Die gibt's immer noch. Lara trötet jetzt auf der rum.«
»Das war für mich ein wunderschönes Ostern«, sagt Tanja. Sie hält ihre große Teetasse mit beiden Händen umschlungen, die Pulloverärmel bis zu den Fingerspitzen gezogen.
»Willst Du auch ein Joghurt?«, fragt Karin.
»Jetzt nicht.«
»Du ißt zu wenig«, sagt Karin, »bist total dünn geworden.«

»Karin, versuch Dir das vorzustellen: Die Erde war lehmig. Der Lehm klebte auf dem Asphaltweg neben der Hohne. Weißt Du noch? In jedem Loch, in jeder Spalte: Pfützen. Und ich hatte diesen blauen Hosenanzug von Dir an, der aus dem Stretchstoff, und bin quer durch den quatschigen Lehm geradelt.«
Karin setzt sich an den Tisch vor ihren abgegessenen Teller mit den Eigelbspuren und den Käserinden und löffelt ihr Erdbeerjoghurt.
»Alles frisch und neu«, sagt Tanja.
»Dabei fällt mir ein«, Karin steht endgültig auf, »das Grab von Mutter muß neu gemacht werden. Ich komm zu nichts, seit das Kleine da ist.«
Werner und Karin haben gestritten, ob die Gärtnerei am Ostersamstag geöffnet ist. Tanja weiß bis zum letzten Moment nicht, ob sie den Weg umsonst macht – sonst stehen die Autos bis zur Straße, heute ist alles frei –, tuckert trotzdem die lange Einfahrt hoch und findet das Tor sperrangelweit offen. (Karin, wie immer im Recht, hat Tanja die Schaufel in den Kofferraum gelegt: »Pflanz den Krempel gleich ein. Morgen geht es eh nicht« – Karin im Osterstreß, auf der Suche nach dem Rezept für den gefüllten Hasenbraten, diesmal von Werner selbst geschlachtet; sie wollte die hartgekochten Eier für die Nester färben, wenn er die Kinder zu Oma bringt.) Kein Mensch in der Gärtnerei zu sehen, aber irgend jemand hat die Pflanzen gewässert, denn es riecht nach feuchtwarmer Erde. Vor dem Gewächshaus Primeln in schwarzen Plastikpaletten auf dem Boden bunt durcheinander in der Sonne: rot, orange, lila, gelb, rosa; gelbe Narzissen, blaue und rosa Hyazinthen, Stiefmütterchen in violett, gelb und weiß, Gänseblümchen, Hornveilchen daneben. Tanja sucht Opa Bergner im Gewächshaus bei den Kakteen, seiner heimlichen Leidenschaft. Er erkennt sie nicht mal, hilft ihr aber, die Pflanzen zum Auto zu tragen, versucht sie unauffällig auszuhorchen, damit er sie in seinem alten Kopf wo hin tun kann. Die junge Frau Bergner, in ihrer grünen Schürze, weiß natürlich sofort Bescheid; sie war eine Klasse über Karin.
»Bist Du auch mal im Land. Na, ist für die Karin bestimmt gut, die tut sich immer so schwer, kann keine Hilfe annehmen und kapselt sich ab«, sagt sie, als sie die Tasten der Kasse drückt und Tanja schaut überrascht auf, »also bepflanzt Du jetzt das Grab. Manchmal glaube ich, die Karin meidet den Friedhof.«
Sind Touristen in der Gegend, laufen die zum Friedhof, weil der so schön liegt: unterhalb vom Dorf, mit Blick ins Tal. Ein breiter Spazierweg an der Mauer, auf dem Tanja im Schrittempo fährt. Der Friedhof liegt so friedlich in der Sonne, wie man es nach seinem Namen erwarten darf. Alle Gräber gemacht und primel- oder stiefmütterchenbunt. Tanja will das hier schnell hinter sich bringen. Nicht nur das Grab ist total verkrautet, sogar der Grabstein ist bemoost. Sie findet einen spitzen Stein und ritzt die Buchstaben nach: »Hedwig Leitner, 25. 08. 1935 bis 06. 06. 1970« – erschrickt, wirft den Stein im großen Bogen von sich, schaut unwillkürlich, ob die Sonne hinter einer Wolke verschwindet.

Tanja stellt das Auto in die Garage, damit die Pflanzen im Kofferraum nicht in der Sonne stehen. Karin sitzt am Küchentisch vor vier Schalen mit gelber, roter, grüner und blauer Farbe, in denen jeweils zwei Eier liegen. Auf einer Zeitung liegen die Gefärbten, auch Orange, Violette und Türkise, die ihre Mischfarbe vom Aufenthalt in zwei Schalen haben. Karin schaut kaum auf, wie immer in ihre Tätigkeit versunken.
»Karin, ich habe Krebs«, sagt Tanja, noch ehe sie sitzt.
Karin: »Ich weiß«, färbt gelassen weiter.
Tanja erinnert sich, wie sie und Karin im Krankenhaus auf Plastikstühlen saßen, bis Vater rauskam und ihnen sagte, daß Mutter tot ist. Karin saß da. Nur, daß es diesmal nicht um Mutters Tod geht, sondern um ihren eigenen.
Karin, als Tanja immer noch schweigt: »Markus hat mich angerufen und mir Bescheid gegeben.«
»Woher hat Markus Deine Nummer?«, platzt es aus Tanja; in ihrer Kehle steigt der Pegel grenzenloser Wut ganz langsam.
»Ach, aus Deinem Adreßbuch.«
Als Tanja nichts sagt, weil jedes Wort so laut wäre wie ein Schrei, spricht Karin: »Weißt Du, das war, als Du gerade operiert wurdest und Markus gewartet hat, ob alles glatt geht. Er hat sich in diesem Moment völlig überfordert gefühlt und mußte einfach mit jemandem sprechen.«
»Du weißt es seit drei Monaten?«
Karin legt die nächsten sechs Eier in die Schalen.
Tanja schreit: »Du weißt es seit drei Monaten und rufst mich nicht mal an, und ich sage Dir, daß ich sterben muß, und Du färbst Eier!«, rennt zur Tür.
»Jetzt dramatisiere nicht schon wieder. Wer sagt, daß Du sterben mußt? Ich habe mit Deinem Arzt gesprochen. An Krebs stirbt man nicht mehr unbedingt«, Karin rennt ihr schreiend nach.
Tanja ist übel, weg hier. Aber sie prallt am Gartentor auf Werner: »Laß mich durch!«
»Sag erst mal, was hier los ist«, Werner hält sie fest.
»Ich sag ihr, daß ich sterbe, und sie sagt, ich soll nicht dramatisieren!«
»Heh, Tanja«, Werner schüttelt sie wie einen Sack Kartoffeln, »warum glaubst Du, daß Du stirbst?«
Die Wut entweicht wie Luft aus einem Ballon und mit ihr die Kraft: »Ich weiß auch nicht. Schon als Kind hat sie mich nie in den Arm genommen.«
»Tanja, sie war selbst ein Kind«, Werner schüttelt sie, »mußte den Haushalt machen, dafür sorgen, daß Du in die Schule gehst. Niemand hat danach gefragt, ob ihr das recht war, ob sie stark genug war. Du hast Dich an sie geklammert. Sie hat sich nicht getraut, zu weinen und Du hast getobt und gefordert und warst immer im Mittelpunkt ...«
Tränenüberströmt läuft Tanja zum Auto.
Werner geht ins Haus, wo Karin in der Küche mit sich selbst spricht: »Es tut mir so leid, ich wollte sie doch sofort im Krankenhaus besuchen, aber dann hatte das Kleine Mittelohrentzündung und ich hatte so Angst, es wird taub,

und dann war Lara krank, wie das so ist mit Kindern. Und ich wußte doch nicht mal, ob sie mich sehen wollte ...«
Tanja biegt an der Kreuzung Richtung Ferienhäuser ab und nimmt die Landstraße durch den Wald. Sie hält, als sie den Waldparkplatz von einem ihrer letzten Familienausflüge wiedererkennt, läuft in den Wald auf eine sonnige Lichtung. Auf Mutters Beerdigung schwor sie, mit 35 zu sterben, um der die Treue zu halten, komisch, nicht? Und sie hat immer geglaubt, Karin will sie nicht anfassen, weil sie ekelhaft ist. Sie hat nie bedacht, daß Karin nur ein Kind war und selbst getröstet werden wollte. Wenn das eine nicht ist, muß auch das andere nicht sein. Ehe Tanja zum Friedhof fährt, pflanzt sie 35 Primeln auf die Waldlichtung. Es ist ihr unsäglich peinlich, sie schaut ständig über ihre Schulter, erleichtert, alleine zu sein. Das wird ihr Grab. Hier begräbt sie ihre Angst, mit 35 sterben zu müssen und einen ekelerregenden Körper zu haben.
Von März bis April und von Oktober bis November reflektieren die spiegelnden Oberflächen der Grabsteine bei klarem Wetter für ca. fünf Minuten das Licht der untergehenden Sonne, ehe diese ganz hinter dem Horizont verschwindet. Nur wenige Tage und dann wenige Minuten stimmt der Einfallswinkel, wenn man vor der Friedhofsmauer steht, und das gebündelte rötliche Sonnenlicht trifft die Oberfläche der in Reih und Glied ausgerichteten Platten. Als Tanja beim Friedhof ankommt, hat das Schauspiel schon begonnen. Wieso habe ich das vergessen? Stein für Stein leuchtet golden, bis die Sonne hinter dem Horizont verschwindet und einen tiefblauen Himmel zurückläßt mit einem einsamen Stern. Gerade einsame Sterne lassen hoffen, vielleicht weil sie so unendlich weit weg sind und man sie trotzdem sehen kann, weil sie so unendlich alleine sind in der riesigen Weite und doch nicht vom Himmel fallen, ich muß mich erst daran gewöhnen, wie stark ich ohne Karin bin - denkt Tanja, schreibt es aber doch nicht in ihr schwarzes Buch; läßt das Auto stehen und geht zu Fuß zum Bahnhof. Nachts glitzern keine Sterne in der Unterführung. Erst im Zug vermißt sie den jungen Mann. Aber dann denkt sie an die vielen Männer in der Stadt, die sie alle kennenlernen kann.

Gottesdienste

»Wer wälzt uns den Stein ...?«

Feier der Osternacht *Kurt Dohm*

Die Kirche ist dunkel; der Altar, der durch einen Vorhang verhüllt wird, ist gedeckt mit weißen Antependien, Osterkerze, Blumen, Bibel und Abendmahl, dazu kleine Lichter oder Kerzen für die Gemeinde.

Eröffnung

Pastor/in:
In dieser Nacht ist unser Herr Jesus Christus hindurch gegangen vom Tod zum Leben. Deswegen lädt die Kirche in aller Welt ein, sich zum Wachen, Beten und Danken zu versammeln.
Wir nähern uns dem österlichen Geheimnis,
indem wir hören, welche Verheißung uns Menschen begleitet,
indem wir sehen, wie das Licht die Dunkelheit besiegt,
indem wir uns an unsere Taufe erinnern lassen
und indem wir gemeinsam das österliche Freudenmahl feiern.

Erinnerung und Erwartung

Sprecher/in:
Noch ist nicht Ostern.
Noch umfängt uns Nacht und Dunkelheit.
Laßt uns die Nacht ernst nehmen:
die Nachtgedanken, die uns Menschen beschweren,
die Nachtgespinste, die uns den Schlaf rauben,
die Schatten der Trauer, der Gewalt,
die Schatten, die über dem Elend dieser Welt liegen.
Noch ist nicht Ostern.
Noch ist das Grab verschlossen.
Noch umgibt uns die Nacht, die Dunkelheit.

Jesus - gestorben an einem Kreuz auf Golgatha.
Jesus - gelegt in ein Felsengrab,
Jesus - Name für eine abgewiesene Liebe, für eine begrabene Hoffnung,
laßt uns bei ihm aushalten,
laßt uns an seinem Grab wachen und beten,
jeder für sich, in der Stille.

Sprecher/innen: Meditationen

1.
Verschlossen das Grab,
verschlossen mit einem großen Stein,

eingeschlossen das Leben,
verdunkelt die Hoffnung.
Ein Grab wie viele.
Stein auf unserem Herzen,
schwer, unendlich schwer.
Wer wälzt den Stein
von den Gräbern unserer Liebe, unserer Hoffnung?

2.
Die Erde - am Anfang nichts als ein Stein,
ein Staubkorn in der Tiefe des Universums,
wüst und leer, ohne Leben,
denn Gott hatte noch nicht regnen lassen auf Erden,
und kein Mensch war da.
Aber ein Nebel stieg auf von der Erde
und feuchtete alles Land.
Und Gott machte den Menschen aus Erde vom Acker
und blies ihm den Odem des Lebens in die Nase.
Und so ward der Mensch ein lebendiges Wesen.
Und Gott pflanzte einen Garten in Eden gegen Osten hin und setzte den Menschen hinein, den er gemacht hatte, daß er ihn bebaute und bewahrte.

Wir bitten Gott in dieser Nacht:
daß der Mensch nur nicht die Erde
wieder verwandle in einen grauen Planeten,
einen heißen Wüstenstern ohne Leben,
einen Brocken von Gestein,
der einsam seine Bahnen zieht durch das All;
daß der Mensch nur nicht umkehre
die Schöpfung Gottes,
die Erde zum Grab werden lasse
für alles Leben.
Wer wälzt uns den Stein,
den Stein des Hochmuts und der Überheblichkeit,
von unseren Herzen?

3.
Erste Schuld - erstes Leid.
Am Anfang die Freude über Wachstum und Gedeihen.
Am Anfang die Liebe der Geschwister.
Dann der Neid, der Zorn, der gesenkte Blick.
Warum senkst du deinen Blick, Kain?
Gib acht, die Sünde lauert vor der Tür.
Du aber herrsche über sie.

Doch Kain bückt sich nieder zur Erde.
Der Stein in der Hand des Bruders.
Kain erschlägt Abel.
Und die Stimme des Blutes des Bruders
schreit von der Erde.

Wir bitten Gott in dieser Nacht:
daß Fäuste sich öffnen
und Hände sich reichen zum Brudergruß,
zur zärtlichen Berührung
statt zum Schlagabtausch,
daß wir das Brot füreinander brechen,
statt uns Steine zu geben,
daß Neid und Gier nicht die Liebe
einschließen in dunkle Grabeshöhlen.
Wer entwindet uns die Steine
aus unseren Händen und Herzen?

4.
Israel in der Wüste,
befreit aus Sklaverei und Frondienst,
dem Pharao und seinen Heeren entronnen,
unterwegs zum gelobten Land.
Israel in der Wüste, ein Volk in Not,
Steine statt Brot, kein Wasser, nur Sand.
Die Träume verflogen, der Mut gesunken,
die Herzen verhärtet zu Stein.
Da - Brot wie Tau am Morgen.
Da - Nahrung, vom Wind herbei getragen.
Da - Wasser aus hartem Fels geschlagen.
Und: Worte des Bundes,
in steinerne Tafeln eingegraben,
in fleischerne Herzen geschrieben,
Worte des Lebens.

Wir bitten Gott in dieser Nacht:
daß sein Wort für uns sei
wie ein Leuchtzeichen in der Nacht,
wie eine schützende Mauer in dunkler Zeit,
wie der fruchtbare Regen, der Wüsten erblühen läßt,
daß der Windhauch seines Geistes
uns Kraft und Mut zutrage
und uns zu neuer Freiheit führe,
daß wir das Brot des Lebens
aus seinen Händen empfangen

und nimmermehr hungern und dürsten,
außer nach der Gerechtigkeit.
Wer nimmt von unseren Schultern
die drückenden Steine der Sorge?

5.
Jesus, geboren in der Nacht,
um der Welt ein neues Licht zu geben,
der Stein, den die Bauleute verworfen haben
und der doch zum Eckstein geworden ist,
zum Grund, der anders nicht gelegt werden kann.
Jesus - der Stein, an dem wir uns immer noch stoßen
und dessen Liebe doch weicher ist als Wasser.
Jesus - gestorben an einem Kreuz auf Golgatha.
Jesus - gelegt in ein Felsengrab,
Jesus - Name für eine begrabene Hoffnung.

Wir bitten Gott in dieser Nacht:
daß er uns zu neuer Hoffnung erwecke
im Glauben an Jesus, seinen Sohn,
dem Zeichen seiner Liebe,
dem Grund unseres Lebens,
daß wir an ihm festalten,
dem Anfänger und Vollender unseres Glaubens.
Er sei unser Fels, unsere Burg, unser Eckstein, unser Leben.
Wer wälzt uns den Stein von seinem Grab
und allen unseren Gräbern?

Osterevangelium

Lektor/in: Lesung Osterevangelium Markus 16
Osterruf
Pastor/in: Der Herr ist auferstanden. Halleluja.
Gemeinde: Er ist wahrhaftig auferstanden. Halleluja
Der Vorhang wird zur Seite gezogen, der Blick auf den Altar wird frei.
Gemeinde: Lied: EG 99 Christ ist erstanden
Pastor/in:
Das Grab ist offen. Der Weg ist frei.
Christus ist das Licht der Welt.
Seht auf das Licht.
Kommt und holt euch vom Licht,
laßt es hell werden in euren Herzen.

Alle holen sich Lichter.

Taufe oder Tauferinnerung
Pastor/in:
An diesem Morgen, der durch Christus hell geworden ist, erinnern wir uns an unsere eigene Taufe.
Der Apostel Paulus schreibt im Brief an die Römer: Lesung Römer 6,3–8
Seht auf das Osterlicht. Es leuchtet bei jeder Taufe. Von ihm empfängt jeder Täufling das Licht seines Lebens. Es trägt das Zeichen Christi, des Auferstandenen. In seinem Lichte sollt ihr als Getaufte leben. Christus sagt: Ihr seid das Licht der Welt. So laßt euer Licht leuchten vor den Leuten, damit sie eure guten Werke sehen und euren Vater im Himmel preisen.
Wir wollen nun das Wasser, das Zeichen der Taufe, anschauen.

Pastor/in gießt Wasser in das Taufbecken.
Seht das Wasser, Zeichen des Lebens und der Reinigung.
Wir stehen auf und beten zu Gott:
Herr, unser Gott, wie Wasser uns wäscht, so wasche ab von uns und allen, die wir auf deinen Namen taufen, alle Irrungen und Verfehlungen, mit denen wir dich, unsere Mitmenschen und uns selbst entstellen.
Wie Wasser tötet, so töte in uns und allen, die wir auf deinen Namen taufen, Hochmut und Eigensinn, die uns von dir trennen.
Wie Wasser dürres Land erquickt, so belebe uns und alle, die wir auf deinen Namen taufen, damit wir deine Liebe in der Welt ausbreiten. Amen.
So laßt uns nun gemeinsam das Bekenntnis unseres Glaubens sprechen:

Gemeinde: Glaubensbekenntnis

Gemeinde: Lied EG 112,1+2+6 Auf, auf, mein Herz mit Freuden

Abendmahl
Jetzt schwaches Licht im Altarbereich.
Pastor/in:
Ein neues Leben empfangen, fröhlich in einen neuen Tag gehen.
Wir wollen uns dazu stärken lassen, durch Brot und Wein, wie die Menschen, die das Licht der Osternacht erreicht hat.

Pastor/in:
Seht das Brot. Laßt uns dafür danken!
Gott, du gibst uns unser täglich Brot. Du gibst uns nicht Steine statt Brot.
Wir danken dir und bitten dich: Laß dieses Brot der Osternacht für uns zum Brot des Lebens werden.

Seht die Frucht des Weinstocks.
Laßt uns dafür danken!
Gott, du schenkst uns den Wein, Frucht der Freude, die Erinnerung an dein Leiden und das Zeichen des Festes. Wir danken dir, Gott, und bitten dich:

Laß diesen Kelch der Gemeinschaft an diesem Morgen für uns zum Kelch des Heils werden.

Pastor/in: Fürbittengebet
Gemeinde Lied EG 100,1 Wir wollen alle fröhlich sein
Pastor/in: Einsetzungsworte
Gemeinde: Vater unser
Gemeinde: Lied EG 100,2+3
Pastor/in: So kommt, denn es ist alles bereit, seht und schmecket, wie freundlich der Herr ist.
Alle kommen nach vorn und bilden einen großen Kreis. Die Liedzettel werden mitgenommen. Die Lampen werden heller.
Pastor/in: Austeilung und Sendungsworte
Gemeinde: Lied EG 100,4–5

Sendung und Segen
Pastor/in: Segen
Pastor/in:
So geht nun und tragt das Licht in euren Händen und Herzen hinaus in den Ostermorgen. Friede sei mit euch allen.
Alle gehen mit ihren Kerzen hinaus. Gemeinsames Osterfrühstück.

Zeiten-Wende

Osternachtsgottesdienst in vier Stationen *Hartmut Stuber*

Ort: die ganz dunkle Kirche am frühen Ostermorgen vor Sonnenaufgang.

1. Todes-Zeit

Lesung: Lukas 23,50–55

Stille und Dunkelheit

Gedicht lesen

Marie Luise Kaschnitz: »Steht noch dahin«

Ob wir davonkommen ohne gefoltert zu werden, ob wir eines natürlichen Todes sterben, ob wir nicht wieder hungern, die Abfalleimer nach Kartoffelschalen durchsuchen, ob wir getrieben werden in Rudeln, wir haben's gesehen. Ob wir nicht noch die Zellenklopfsprache lernen, den Nächsten belauern, vom Nächsten belauert werden, und bei dem Wort Freiheit weinen müssen. Ob wir uns fortstehlen rechtzeitig auf ein weißes Bett oder zugrunde gehen am hundertfachen Atomblitz, ob wir es fertigbringen mit einer Hoffnung zu sterben, steht noch dahin, steht alles noch dahin.
Aus: Steht noch dahin. © Insel Verlag, Frankfurt am Main 1970

Musik (düster – traurig)

Psalm 13,2–5 (im Wechsel gesprochen)

Lied: »Die Nacht ist vorgedrungen« (EG Nr. 16,1–3) gemeinsam singen

2. Zwischen-Zeit

Lesung: Lukas 24,13–24

Stille – dabei eine Wunderkerze entzünden

Gedicht lesen

Marie Luise Kaschnitz: »Ein Leben nach dem Tode«

Glauben Sie fragte man mich
An ein Leben nach dem Tode
Und ich antwortete: ja
Aber dann wußte ich
Keine Auskunft zu geben
Wie das aussehen sollte
Wie ich selber
Aussehen sollte
Dort

Ich wußte nur eines
Keine Hierarchie
Von Heiligen auf goldenen Stühlen sitzend
Kein Niedersturz
Verdammter Seelen
Nur

Nur Liebe frei gewordne
Niemals aufgezehrte
Mich überflutend

Kein Schutzmantel starr aus Gold
Mit Edelsteinen besetzt

Ein spinnwebenleichtes Gewand
Ein Hauch
Mir um die Schultern
Liebkosung schöne Bewegung
Wie einst von tyrrhenischen Wellen
Wie von Worten die hin und her
Wortfetzen
Komm du komm

Schmerzweb mit Tränen besetzt
Berg-und-Tal-Fahrt
Und deine Hand

Wieder in meiner
So lagen wir lasest du vor
Schlief ich ein
Wachte auf
Schlief ein
Wache auf
Deine Stimme empfängt mich
Entläßt mich und immer
So fort

Mehr also, fragen die Frager
Erwarten Sie nicht nach dem Tode?
Und ich antwortete
Weniger nicht.

Aus: Gedichte.

Musik (ruhig - getragen)

Psalm 126 (im Wechsel gesprochen)

Lied: »Sonne der Gerechtigkeit« (EG Nr. 262,1 und 4-6) gemeinsam singen

3. Neue Zeit

Lesung Lukas 24,28-35

Stille - dabei Altarkerze oder Osterkerze entzünden

Gedicht lesen

Marie Luise Kaschnitz: »Auferstehung«

Manchmal stehen wir auf
Stehen wir zur Auferstehung auf
Mitten am Tage
Mit unserem lebendigen Haar
Mit unserer atmenden Haut.

Nur das Gewohnte ist um uns
Keine Fata Morgana von Palmen
Mit weidenden Löwen
Und sanften Wölfen.

Die Weckuhren hören nicht auf zu ticken
Ihre Leuchtzeiger löschen nicht aus.

Und dennoch leicht
Und dennoch unverwundbar
Geordnet in geheimnisvolle Ordnung
Vorweggenommen in ein Haus aus Licht.

Aus: Dies., Überallnie. Ausgewählte Gedichte 1928-1965, Claassen Verlag, München 1965

Musik (leicht - beschwingt)

Psalm 118,1.14–17 (im Wechsel gesprochen)

Lied: »Gelobt sei Gott« (EG Nr. 103,1–5) gemeinsam singen

4. Aufbruch

Lied: »Christe, du Lamm Gottes« (EG Nr. 190.2) gemeinsam singen

Gnadenzusage

Einsetzungsworte

Austeilung des Abendmahls im großen Kreis (dabei summen alle zusammen »Christe, du Lamm Gottes«)
Nach der Austeilung erhalten alle Kerzen, die reihum entzündet werden. Dabei summen alle »Christ ist erstanden«.

Lied: »Christ ist erstanden« (EG Nr. 99) nach der Austeilung gemeinsam singen

Vaterunser

Lied: »Morgenlicht leuchtet« (EG Nr. 455,1–3) gemeinsam singen

Segen (EG Ausgabe Württemberg Seite 1347)
Der Gott der Hoffnung erfülle uns mit Freude und Frieden.
Die Liebe des Gekreuzigten, die Macht des Auferstandenen und die Gegenwart des lebendigen Herrn sei mit uns allezeit. Amen.

Als Musikstücke eignen sich: »To die is a duty«, »Freedom in hope« und »Hopes of freedom« von Ennio Morricone aus der Filmmusik zu »Sacco & Venzetti« (RCA Records)

Aufgeweckt

Osterfrühgottesdienst *Hansjörg Haag*

Der Gottesdienst beginnt frühmorgens um 6.30 Uhr. In der Kirche ist alles dunkel.

Glockengeläut

Stille

Orgel instrumental

Entzünden der beiden Altarkerzen

Stille

Hinführung zum Thema, Vortrag durch Gemeindeglieder (Kirchenvorsteherinnen)
Helligkeit zum Ablesen durch Taschenlampe
Heute morgen haben in vielen Gemeinden sehr früh die Glocken der Kirchen geläutet. Auch bei uns. -
Etliche sind durch das Geläut wach geworden. Manche haben sich umgedreht, das Kissen über den Kopf gezogen und haben weitergeschlafen. Manche waren ganz ärgerlich über die ihrer Ansicht nach unbegründete Störung in ihren Träumen und haben sich vorgenommen: »Das werd' ich denen aber sagen, daß es so nicht geht. Das ist Ruhe-Störung.« Manche haben gar nichts gehört, sie schliefen fest und tief. Dann gab es einige, die sind wach geworden, aufgestanden und machten sich in ihrer Wohnung zu schaffen. Und dann, dann gab es noch die, die sich in aller Ruhe und in der Morgenstille fertig gemacht haben, durch das Dunkel des noch frühen Morgens hierher in die Kirche gekommen sind - zu Fuß oder mit einem Gefährt -, und die sitzen nun hier. -
Sie alle, ob jung oder alt, begrüße ich. Ich heiße Sie willkommen - mit dem Wunsch: Frohe Ostern!
Pause
Die Glocken oder das Schrillen Ihres Weckers haben Sie aufgeweckt. Aufgeweckt! -
Das ist das Stichwort unserer morgendlichen Feier.
Hören davon und nachdenken darüber, was uns aufweckt, was uns wach macht, was uns aufstehen läßt. Erfahren, wie Menschen aufgeweckt worden sind. Verstehen, was uns wach macht. Probieren, aufzustehen, innerlich und äußerlich.
Pause
Acht Jahre lang ist nach dem Urteil der Ärzte in Großbritannien ein Patient nur noch dahingedämmert. Bei einem Unfall war das Gehirn sehr verletzt und geschädigt worden. Keine Reaktion hat hingewiesen darauf, daß der jetzt 30 Jahre alte Andrew Divine noch bei Bewußtsein ist. Seit Dienstag vergangener Woche kann der Kranke per Knopfdruck mit seiner Umgebung kommunizieren. Das teilte am Mittwoch der Karwoche der Rechtsanwalt des Opfers mit.
Der junge Andrew Divine war 1989 bei der Katastrophe im Fußballstadion von Hillsborough, bei der 95 Menschen zu Tode gedrückt und getrampelt worden waren, schwer verletzt worden. Seine Eltern hatten die Hoffnung nie aufgegeben. Sie hatten ihn in ihrer Wohnung in der Nähe von Liverpool gepflegt. »Ihre jahrelangen Bemühungen, zusammen mit Physiotherapie, haben sich ausgezahlt«, meinte der Anwalt.
Die Eltern von Andrew Divine hatten es vor einiger Zeit abgelehnt, vor Gericht das Recht zu erstreiten, ihren Sohn sterben zu lassen. Die Eltern eines

anderen Unfallopfers von Hillsborough hatten dieses Recht als Ausnahme, die das britische Oberhaus zuließ, erstritten. 1993 wurden die medizinischen Geräte jenes Opfers abgestellt.
Andrew Divine jedenfalls ist nach langer, langer Zeit und nach zähen und abermals zähen Anstrengungen seiner Eltern wieder aufgewacht.
Frankfurter Rundschau, 27. März 1997, Seite 32
Pause
Heiner Herd war 52 Jahre alt. Ein gestandener Mann. Er hatte es zu etwas gebracht. Selbständig. Ein Geschäft aufgebaut. Erfolg gehabt. Eine nette Frau. Zwei Kinder, die hübsche und lebensfrohe Julia und der nachdenkliche, aber sehr intelligente Dietmar. Nichts schien das Glück der Familie trüben zu können. Heiner Herd strebte deshalb immer nach noch mehr, er wollte, ohne daß es ihm immer ganz bewußt war, hoch hinaus.
Aus heiterem Himmel stellte die Hausärztin bei einer zufälligen Untersuchung fest, daß sämtliche Werte der Diagnose irgendwie nicht in Ordnung waren. Heiner Herd dachte nicht weiter darüber nach. Aber seine Ärztin ließ nicht locker. Heiner Herd mußte sich einer weiteren Untersuchung unterziehen. Das Ergebnis war niederschmetternd: Krebs – im fortgeschrittenen Stadium. Wie ein Schlag traf es den Mann.
Mit einem Mal war er hellwach und begriff: Es war ihm jahrelang sehr, sehr gut gegangen, und er hatte es nie richtig gemerkt und bewußt genossen. Dankbarkeit zu leben und leben zu dürfen, das war ihm kein Begriff gewesen.
Die Konfrontation mit der heimtückischen Erkrankung hat ihn aufgeschreckt – und aufgeweckt.
Anonymisierter Fall aus der eigenen Seelsorgearbeit
Pause
Jahrelang hat Dunia ihrem Mann treu zur Seite gestanden. Immer war sie für ihn da. Seine dunklen Augen und Haare, sein ausdrucksstarke Erscheinung hatte sie fasziniert. Sie mochte seine Stimme. Bald nach der Hochzeit hatte sie eine zunächst kleine Veränderung an ihm wahrgenommen. Er wurde manchmal ungeduldig, jähzornig, wenn sie nicht sofort darauf hörte, was er sagte oder wünschte. Dann kam das Kind, ein Mädchen, mit den Augen vom Papa. Doch der schien die Kleine abzulehnen. Ihr Weinen machte ihn nervös. Wenn die Mutter das Kind zu lang stillte oder herumtrug, wurde er eifersüchtig. Wenn sie nachts bei dem Kind wachte, anstatt sich zu ihm zu legen, wurde er grob. Dann geschah etwas, was Dunia zuerst gar nicht glauben wollte: Der Vater schlug die zweijährige: fest und rücksichtslos mit mehreren Schlägen. Es sollte nicht bei dem einen Mal bleiben. Dunia wurde immer unglücklicher. Allmählich war in ihr Angst hochgekommen, wie das weitergehen sollte. Aus seinem Trinken wurde immer öfter ein unkontrollierter Rausch. Und dann schlug er sie, weil sie nicht mit ihm schlafen wollte in seinem angetrunkenen Zustand ... Das hat Dunia aufgeweckt aus ihrer Unentschlossenheit. Sie wußte, so konnte es nicht mehr

weitergehen. Sie beschloß, ihren Mann zu verlassen und ihre Tochter allein zu erziehen. Endlich war sie aufgestanden aus ihrem Dulden, aus ihrer Passivität, aus ihrer Hoffnungslosigkeit und Opferbereitschaft. Sie hat sich aufgemacht ...

Anonymisierter Fall aus der eigenen Seelsorgearbeit

Pause

Orgel instrumental

Gebet

Ich denke, wir sind alle wach geworden. Deshalb wollen wir uns erheben, wollen aufstehen. Zunächst um zu beten, sodann um zu singen.

Du, Bruder Christus, bist aufgeweckt worden
am Ostersonntagmorgen.
Du bist auferweckt worden
aus der Nacht des Todes.
Auch wir sind aufgeweckt worden.
Du bist, dein ganzes Leben ist:
einziges Licht.
Die Finsternis hast du überwunden.
Der Stein ist weggewälzt.
Die Frauen fanden dich nicht,
um dich zu beweinen
oder am Ort des Todes zu verehren.
Du hast sie aufgeschreckt,
aufgeweckt aus ihrer Trauer.
Sie sind aufgestanden,
um dich im Leben zu suchen.
Das Werk des Todes, von Menschen getan:
zuende.
Pilatus und der Hohe Rat urteilten vergeblich.
Dein Leben,
das nicht getötet werden kann,
setzt sich durch.
Zuerst waren die Frauen
zum Zuschauen verdammt.
Doch in der Frühe des Ostertages
erkennen sie,
wie mächtig deine Liebe und dein Leben ist.
Sie werden mutig,
aufzustehen
gegen alles,
was das Leben verhindert und Tod bringt.
Dein Leben

ließ sich nicht unterkriegen
vom Tod.
Dein Leben ist unser Leben.
Dein sind wir
in den Tagen des Lebens
und in der Nacht des Todes.

Lied: EG 99 Christ ist erstanden ...

Lesung: Markus 16,1–8

Lied: EG 116 Er ist erstanden, Halleluja ... (V. 1–3)

Lesung: 1. Kor 15,50–58

Glaubensbekenntnis

Lied: EG 100 Wir wollen alle fröhlich sein (V. 1–5)

Predigt

Liebe Gemeinde.
Wie oft sind Menschen eigentlich im Begriff, den Tod in ihrem Leben mächtig werden zu lassen!? Wie oft sind Menschen dabei, dem Tod die bestimmende Macht in ihrem Leben einzuräumen!? Wie oft gehen Menschen in ihrem Denken und Handeln davon aus, daß der Tod mitnichten zu bezwingen ist!? Ja schlimmer noch, wie oft beten Menschen den Tod und seine Macht geradezu an, verehren und verherrlichen ihn, ohne daß es ihnen wirklich bewußt ist!?

Die drei Frauen, von denen wir aus dem Markus-Evangelium gehört haben, waren ebenfalls im Begriff, sich der Macht des Todes auszuliefern. Und zunächst haben sie es nicht bemerkt. Sie haben wohlriechende Öle gekauft. Damit wollten sie den Leichnam ihres großartigen Freundes einbalsamieren. Eine Geste der Zuneigung, der Wertschätzung. Einen weiteren letzten Dienst an dem nun toten Jesus. Eine Art, die Trauer erträglich zu machen. Ein Akt der Hochachtung vor dem Verstorbenen. Seit Karfreitag waren sie wie gelähmt, wie versteinert, standen unter Schock. Nichts, rein gar nichts wollten sie mehr tun. Zu tief war der Schmerz. Zu groß war das Entsetzen, die Kreuzigung miterlebt zu haben. Zu unfaßbar war das Leid. Die verbreitete Tradition, den Toten einzusalben, half ihnen wunderbarerweise heraus aus ihrem Erstarrt-sein. Vielleicht ging es ihnen ja hinterher besser, wenn sie wieder in seiner Nähe gewesen waren!? Vielleicht ließ die Traurigkeit dann nach?!
So gingen sie zum Grab, ganz früh. Gerade wollte die Sonne das Dunkel der Nacht verscheuchen und wieder Helligkeit verbreiten.

Ihnen war nicht bewußt, daß der Tod ihres Freundes und Herrn Jesus blitzschnell und schon drei Tage lang ganz mächtig in ihnen geworden war. Sie lebten nicht mehr, sondern sie litten nur noch unter dem, was der Tod ihnen angetan hat, indem er ihnen Jesus entrissen hat. Sie weinten endlos, die Tränen waren versiegt und dennoch weinten sie weiter. Die Sprache schien verloren. Das Lachen und die Freude schienen sie lang, lang hinter sich gelassen zu haben. Der Alltag lief ab wie in einem unschönen Traum. Gefühllos und nichts mehr begreifend, aßen sie seit jenem schrecklichen Tag morgens, mittags und abends drei Happen, tranken wenig Schluck Wasser und verfingen sich noch fester in ihrer Depression und in ihrem Schmerz.
Die Trauer, die der Tod einer nahestehenden Person auslöst, kann die Weiterlebenden selbst wie tot machen. Schon im Leben fühlen sie sich wie eingesargt. Noch atmend empfinden sie sich wie atemlos. Noch lebend scheinen sie wie tot. Die Macht des Todes ist Platzhalter im Leben geworden.

Denken wir nicht, dies widerfahre nur den drei Frauen oder den heftig Trauernden. Bei weitem gefehlt. Es gibt mehr Menschen als wir meinen, die, von der Macht des Todes bezwungen, mehr Grabesgeruch an sich tragen als daß sie Hoffnung und Lebensfreude ausstrahlen. Manchen sehen und merken wir das nicht an ...
Da sprechen derzeit beispielsweise viele von den Kosten der Pflegeversicherung und Krankenversicherung. Wohl wahr, es ist aufwendig, Kranke, Behinderte und Alte zu betreuen. Die Hilfsmittel, die Leistungen des Personals, die Unterbringung: das alles will irgendwie finanziert sein.
Allerdings habe ich bei der gegenwärtigen Diskussion in der Öffentlichkeit oft den Eindruck, daß im Vordergrund wirklich das Geld steht, die Kosten, das, was jedeR von uns zu zahlen hat. Doch das Geld ist meiner Meinung nach oft auch besetzt von der Macht des Todes.
Wegen der besseren Ausnutzung der medizinischen Leistungen und wegen der Minimierung der Kosten im Gesundheitswesen gibt es seit neuestem an wenigen Kliniken wie z. B. Hamburg und Berlin schon einen Computer an den Betten in der Intensiv-Station. Er errechnet ständig den aktuellen Stand der Kosten, die der betreffende Patient seiner Kasse verursacht. Und er erhebt die Wahrscheinlichkeit, welche Überlebenschancen der betreffende Patient bzw. die betreffende Patientin hat. Es ist nur noch eine Frage der Zeit und ein kleiner Schritt, bis dann darüber nachgedacht wird, ab wann bei einem Schwerkranken die nächste Infusion noch lohnt oder nicht. Typisch übrigens: Der Computer hat einen Namen: Riyadh. Die Patienten sind zumeist nur noch der Fall: der Infarkt, der Schlaganfall oder wie das im Mediziner-Latein dann anspruchsvoll genannt wird.

Dazu ein bedenkenswertes Beispiel.

Für Susanne Joka bestand allem Anschein nach keine Hoffnung mehr. Das junge Mädchen war an einer Virusenzephalitis erkrankt, einer schweren Entzündung des Gehirns. An eine Beatmungsmaschine angeschlossen, lag sie in tiefem Koma. Auch ihr Vater, Internist und zeitweilig Chef einer Intensivstation, war sicher, daß sie rettungslos verloren sei.
Als Arzt und Vater war er in eine ›schizophrene‹ Situation geraten. Er glaubte, seiner Tochter das Leid eines langen Dahinvegetierens nicht antun zu dürfen. Nach einem halben Jahr nahm er sie vom Beatmungsgerät. Doch plötzlich atmete sie von ganz allein weiter. Zweieinhalb Jahre noch dauerte es, da geschah das Unfaßbare. Susanne Joka erwacht aus tiefer Umnachtung. Sie war endlich aufgewacht. In weiteren zweieinhalb Jahren lernt sie mühsam in Reha-Kliniken wieder zu sprechen, zu lesen, zu laufen. Heute ist Susanne Joka 30 Jahre alt. Sie studiert in Karlsruhe: Sport.
Aus: Irene Meichsner, der Preis des Lebens, in: Das Sonntagsblatt, Nr. 11, 14. März 1997, Seite 3
Gefragt, was aus ihr geworden wäre, wenn der Computer »Riyadh« über das Schicksal von Susanne entschieden hätte, gibt der Vater eine klare und unmißverständliche Antwort: »Sie hätte keine Chance gehabt.« Bei Susanne Joka summierten sich die Kosten für die Behandlung auf rund 775 000,- DM. Sie wurden von der Krankenkasse übernommen. Aber klar ist, daß der Computer schon von Anfang an »grünes Licht« gegeben hätte dafür, daß die Weiterbehandlung der gehirnkranken Susanne keine Chance auf Erfolg hat.

Susanne ist wieder aufgewacht. Auch Andrew Divine. Lange Zeit, nachdem niemand mehr auch nur einen Pfifferling für ihr Leben gegeben hätte. Sind wir durch die Existenz von Riyadh (in Klammern gesagt: auch durch die Existenz von den geklonten Lebewesen) ebenfalls aufgewacht?
Der Macht des Todes huldigen, das bedeutet, die Wirtschaftlichkeit jeder medizinischen Handlung im voraus zu kalkulieren. Der Macht des Todes huldigen, das bedeutet, das Leben durch genetische Eingriffe perfektionieren zu wollen - ohne zu wissen, welche Folgen sich daraus ergeben werden. Sich dieser Macht des Todes widersetzen, das lernen die drei Frauen an der leeren Grabstelle Jesu.
Sie entsetzen sich. Zweimal (V. 5 und 8) steht das in unserem Bericht des Evangelisten Markus. Jetzt waren sie wirklich aufgeweckt, weil aufgeschreckt. Jetzt waren sie wach.
Es war ihnen verwehrt, sich der Macht des Todes zu beugen. Keine Chance mehr, sich wehmütig der vergangenen Tage mit Jesus zu erinnern. Der Tod hatte nicht den Raum und die Bedeutung, die sie ihm hatten zugestehen wollen.
Jesus war auferweckt worden. Aufgeweckt aus dem Reich der Toten. Er ist auferstanden, er war aufgestanden. Denn der Gott des Lebens hat ein Zeichen setzen wollen, ein Zeichen, das besagt: Niemals soll der Tod des Lebens so mächtig werden, daß die Hoffnung auf das Leben schwindet.

Die Eltern von Andrew Divine hatten dem Tod nicht die Macht gegeben, die der bei vielen anderen in diesem Moment gehabt hätte. Sie haben alles getan, um für das Leben ihres Sohnes, auch wenn es noch so aussichtslos schien, zu kämpfen.
Die Eltern eines behinderten Kindes hier in Waldensberg und in Breitenborn haben den Kampf für das Leben der Kleinen ebenfalls schon jahrelang aufgenommen. Der Erfolg, daß die beiden jetzt wider Erwarten mit den Gleichaltrigen in Kindergarten und Schule gehen, zeigt, wie wichtig und richtig dieser Kampf gegen den »Tod im Leben« ist.
Kampf für das Leben: Für mich beinhaltet das, aufzustehen und meine Stimme zu erheben gegen eine Medizin, die keine ethischen Werte mehr kennt, die allein am Profit und Profitablen interessiert ist, die allein den hochgezüchteten Lebewesen Chancen einräumt und den Behinderten das Lebensrecht mehr und mehr einschränkt. Manchmal frage ich mich, was denn zum Beispiel Krebskranke, deren Behandlung sehr teuer ist, eigentlich denken sollen. Wie wollen sie Mut zum Leben entwickeln, wenn sie nun überall lesen, wieviel Geld sie die Allgemeinheit kosten? Natürlich gibt es da noch andere Gesichtspunkte, kritische Überlegungen. Zum Beispiel die Ketten-Raucher, die durch ihr eigenes Entscheiden, ihre Gesundheit gefährden und im Krankheitsfall dann langwieriger Behandlungen bedürfen. Oder die ganz Alten, 88- oder 90jährigen, die nur noch mit Maschinen und Medikamenten am Leben gehalten werden, damit die Statistik einer Krankenhaus-Station stimmt. Warum sollen sie nicht bei Verstand und vollem Bewußtsein notariell beurkunden lassen, daß im hohen Alter medizinisch-künstliche Überlebensmaßnahmen unterbleiben und sie, anstatt von Gerät umgeben, zu Hause in ihrer gewohnten Umgebung sterben?

Die drei Frauen fürchteten sich. (V. 8) Ein ungewöhnlicher Satz in der sogenannten Frohen oder Guten Nachricht des Markus.
Sie fürchten sich, weil der Einsatz für das Leben mehr Mut fordert als das Akzeptieren der Macht des Todes. Sie brauchten ungewöhnlichen Mut, um den elf Jüngern mitzuteilen, was der göttliche Bote ihnen im leeren Grab des Friedhofs gesagt hatte. Er ist aufgeweckt. Auferstanden.
Das braucht Glauben, das braucht Hoffnung, das braucht Mut.
Nicht ein irgendwie ungewisses Weiterleben, wie es derzeit esoterische und andere Religionen verkünden, ist gemeint. Nein, Gott hat aufgeweckt, hat auferweckt - zum Leben in der Gegenwart des Höchsten.
Wer dieses ernstnimmt, der wird tatsächlich nicht ausschließlich Freude empfinden, sondern auch unbestimmte Furcht, Sorge, wie das denn dann sein wird, diesem lebendigen Höchsten gegenüber zu sein.
Das Leben ist so eine Chance, sich vorzubereiten auf diese Auferweckung. Deshalb hat der 52jährige Heiner Herd gespürt, wie mangelhaft sein Leben war ohne Dankbarkeit für jeden Moment seines bis dato glücklich verlaufe-

nen Lebens. Deshalb auch ist Dunia aufgewacht. Sie hat begriffen, daß Gott ihr nicht das passive Erdulden des ach so verdrehten Mannes vorschreibt. Sie hat erkannt, daß ihr tatsächlich Verantwortung gegeben ist. Verantwortung, ihr Leben und das Leben ihrer Tochter unter möglichst angstfreien Bedingungen zu führen und zu erhalten. Wir werden an Ostern aufgeweckt. Wie gut.
Wir schlafen nicht weiter im Tiefschlaf eines halb verstandenen Lebens. Wir ärgern uns auch nicht über das Ostergeläut. Wir verschlafen nicht die geschenkte Zeit. Wir sind aufgeweckt. Wir dürfen wach sein. Wir dürfen ausgehen davon, daß die Auferweckung des Lebens wahr ist und daß der Tod nicht siegt.
Wir dürfen uns freuen und danken für all das Gute, was Gott gibt. So wie es Heiner Herd gelernt hat.
Wir dürfen zuweilen auch mühsam und angestrengt kämpfen für das Leben und gegen die Macht des Todes. So wie die Eltern von Andrew Divine und viele andere, die sich nicht abfinden mit einer Behinderung oder Erkrankung.
Wir dürfen und sollen aufstehen, uns erheben gegen alles, was böse ist und das Leben bedroht. So wie Dunia, weil das von Gott geschenkte Leben sich entwickeln und nicht angstvoll verkriechen möchte.
Sie und ich entscheiden das jeden Augenblick, entscheiden ständig neu, ob wir die Auferweckung des Lebens an Ostern in unser Leben hineinholen.
Zugegeben. Wer es gerade zum ersten Mal hört wie die drei Frauen, kann sich wirklich entsetzen. Bald aber wird er sich freuen und dankbar sein.

Lied: EG 114 Wach auf mein Herz ... (V. 1–3)

Fürbitten

Gott unseres Herrn, Jesus Christus.
Vater und Mutter aller,
du Liebhaber alles Lebendigen.
Wir rühmen deine Kraft
und deine Güte,
die größer sind als das,
was wir verstehen und erkennen.
Du hast unseren Bruder Jesus
aus dem Tode gerufen.
Du willst uns zu seinen Gefährten und Gefährtinnen machen.

Wir bitten dich:
Weck uns auf
aus dem Schlaf der Sicherheiten,
löse uns aus der Komplizenschaft mit dem Tod, dem Geld und der Macht.

Hilf uns, frei zu werden
von aller Gewalt, von allem Kosten-Nutzen-Denken.
Gib uns Kraft,
aufzustehen
gegen die, die der Gewalt das Wort reden
oder sie verbreiten.
Ermutige uns in der Kirche
zu geduldigem Widerstand
gegen alles, was das Leben behindert und bedroht.
Laß uns dazwischenreden,
wo der Hoffnung der Grabgesang gesungen wird.
Laß uns die Erinnerung lebendig erhalten
an den Auferweckten und seine Liebe,
an die Verstorbenen und das, was sie Gutes gebracht haben.
Wir bitten dich
für alle Menschen,
die gefangen sind und nicht loskommen von den Schatten ihrer Untaten,
für alle,
die hungern nach Brot, nach Wasser, nach Gerechtigkeit,
für alle,
die Heilung ersehnen von ihrer Krankheit und von ihren Lasten.
Wir bitten dich
für alle, die Verantwortung haben in Politik, Wirtschaft und Wissenschaft.
Wir bitten dich
für die Schwachen und an den Rand Gedrängten,
für die, die ihre Arbeitsstelle verloren haben oder verlieren könnten.

Laß uns zu Boten und Botinnen werden,
die den Sieg der Lebendigen und die Gewißheit der Hoffnung
in die Welt und unter die Menschen
bringen.
Schenke unseren Worten und Taten Glaubwürdigkeit.
Verbinde uns in der Liebe,
die du uns bewiesen hast im Leiden wie im Auferweckt-werden.
Amen.

Lied: EG 188 Vater unser

Abkündigungen

Einladung zum Frühstück

Segen

Orgelnachspiel

Zum Mahl geladen

Osterfrühstück mit Johannes 20 und 21 *Rainer Heimburger*

Am Ostermontag versammelt sich unsere Gemeinde zu einem festlichen Frühstück im Gemeindesaal. Der Saal und die Tischgruppen sind österlich geschmückt, ein reichhaltiges Büffet erwartet die großen und kleinen Gäste.

Begrüßung: Herzlich willkommen zum Osterfrühstück. Am Morgen dieses Ostermontages wollen wir miteinander mit dem uralten Ostergruß der Christen in den orthodoxen Kirchen grüßen. Ich rufe euch zu: »Christus ist auferstanden!« Und ihr antwortet: »Er ist wahrhaftig auferstanden!«
(Christus ist ...)
Und nun schaut euch bitte einmal um, wer neben euch sitzt, und denkt daran: Sie oder er leben ebenso von der Auferstehung Jesu Christi wie ich selbst. Ihr Leben ist auf dem gleichen Grund erbaut. Sie leben von der gleichen Hoffnung wie ich. Deshalb haben sie es verdient, daß ich sie kennenlerne. Also begrüßt euch gegenseitig und sagt zueinander: »Christus ist auferstanden! Er ist wahrhaftig auferstanden!«
(Christus ist ...)
Nach D. Mendt, in Gottesdienstpraxis Serie B, Ostern, Gütersloh 1995, Seite 128

Lied: EG 565 (Baden) »Große Leute, kleine Leute feiern fröhlich Ostern heute ...«

Votum
Im Namen des Vaters ...

Eingangsgebet
Gott des Lebens,
du schenkst Trost gegen alle Verzweiflung,
Hoffnung gegen alle Enttäuschung
Sinn gegen alle Sinnlosigkeit,
Leben gegen allen Tod.

Lesung: Johannes 20,1-16

Sprecherin 1
Mitten in meiner Verzweiflung, als die Stimme in mir sagte, immer wieder sagte: Er ist tot. Es ist wahr. Er ist tot. Du wirst ihn nie wieder sehen. Mitten in meiner Trauer, als mir nichts anderes übrig blieb als der Gang zum Grab, nichts als die Erinnerung: Mitten hinein in meine Tränen hörte ich seine Stimme: »Maria!«

Das *Klavier* spielt die Melodie EG 99 »Christ ist erstanden«

Lesung: Johannes 20,19–29

Sprecher 2
Mitten in meine Enttäuschung, als mir klar wurde: Du hast dich getäuscht. Es war nur ein Wunschtraum. Mitten in meine Ernüchterung, eure Worte: »Wir haben den Herrn gesehen! Wir haben erfahren: Er lebt!« – Unmöglich! – Hirngespinste! – Freunde, Ihr seid zu bedauern! – Vielleicht seid ihr auch zu beneiden. – Euren Glauben möchte ich haben.
Mitten in mein Zweifeln ist er gekommen, und ich hörte seine Stimme: »Thomas, sieh doch!«

Das *Klavier* wiederholt die Melodie EG 99

Lesung: Johannes 21,1–7

Sprecher 3
Mitten in meinem Alltag, als ich wieder einmal feststellen mußte: Alle Mühe – umsonst! Wieder stehe ich mit leeren Händen da, wie schon so oft. Mitten in der alltäglichen Routine, als wieder die Frage da ist: Das kann doch nicht alles gewesen sein! Mitten in meiner Enttäuschung hörte ich seine Stimme: »Simon, wirf noch einmal aus!« Und ich tat es – und fand – ihn den Auferstandenen.

Gemeinde singt EG 99,1–3 »Christ ist erstanden«

Lesung: Johannes 21,8–14

Hinführung
Christus ist nicht tot, liebe Gemeinde, sondern er lebt und ist allezeit bei uns. Er lebt, nicht weil wir an ihn denken, sondern weil Gott ihn auferweckt hat.
»Kommt und haltet das Mahl!« (Joh 21,12). So lädt Jesus seine Jünger am See Genezareth ein. So wie er sie zu Lebzeiten eingeladen hatte, so lud er sie ein nach seiner Auferstehung. Die Traurigen und die Fröhlichen, die Zweifler und die ihres Glaubens Gewissen, die Erfolglosen und Erfolgreichen. »Kommt und haltet das Mahl!« – Ihr, die ihr hungrig seid – nach Hoffnung, nach Sinn, nach Trost.
»Kommt und haltet das Mahl!« – so lädt uns Christus heut ein.

Lied: »Wir sind zum Mahl geladen ...«

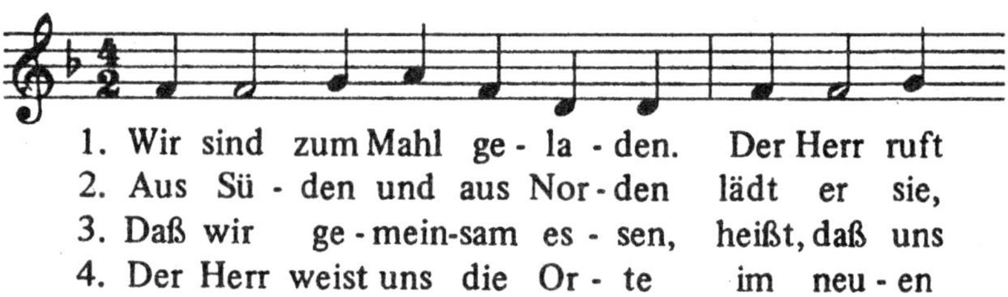

Musik: Herbert Beuerle 1969, Text: Kurt Rommel 1967

Einladung
Miteinander essen in der Gemeinschaft mit dem Auferstandenen.
Wir sind eingeladen.
Christus lädt uns ein zur Freude.
Er freut sich, wenn wir uns einladen lassen,
frei und offen
empfänglich für seine guten Gaben und seine unendliche Güte.

So kommt,
es ist alles bereit!

Tischgebet
Unser tägliches Brot gib uns heute, Gott,
Speise, die unseren Körper ernährt,
Hoffnung, die uns leben läßt,
Worte, die uns den Weg weisen,
Gemeinschaft, die uns stärkt.
Danke für das tägliche Brot.
Amen.

Gemeinsames Essen

Kanon: »Danket, danket dem Herrn ...«

Schlußgebet
Gott in Ewigkeit,
wir danken dir, daß du uns die Tür zum Leben aufgetan hast durch die Auferstehung deines Sohnes. Wir danken dir für unsere Gemeinschaft.
Wir danken dir, daß du uns tröstest, leitest, stärkst.
Wir bitten dich: Begleite uns, wenn wir jetzt auseinandergehen, heute und alle Tage.
Amen.

Schlußlied: EG 171 »Bewahre uns Gott ...«

Segen

»Und am nächsten Morgen, noch vor Sonnenaufgang ...«

Ostermorgenfeier mit Taufe, Tauferinnerung
und Eucharistiefeier

Arno Schmitt

Zur Situation

Ostersonntag. 6.30 Uhr. Der Osterfeier ging eine lange Nacht voraus, die mit dem Osterfeuer begann, mit der Osternachtsfeier und daran anschließenden Nachtwachen fortgesetzt wurde und in der frühmorgendlichen Fußwaschung ihren Abschluß fand. Draußen ist es noch dunkel. Die große Glocke läutet. Vor der Kirche brennen Fackeln und erhellen die Zugangswege, den Platz und die Treppe.
Im Innern des Gottesdienstraumes brennen Kerzen: die Kerzen der Kreuzweg-Stationen, dazu das Öllämpchen auf dem Golgatha-Hügel im Altarraum. Die neue Osterkerze und die vier Altarkerzen noch nicht.

Die Dornen-Und-Steine-Collage (Altardekoration während der Karwoche und Osternacht) wurde gegen einen großen, hell leuchtenden Forsythienstrauß eingewechselt. Mit Grün und Mandelzweigen geschmückt: der Taufstein. Stühle um ihn herum: Platz für die Tauffamilie. Der Taufgruppe gegenüber, auf Stühlen auch sie: die Gruppe der Nacht-Wachenden (»PilgerInnen der Nacht«). Aus einfachem weißen Tuch haben sie sich Gewänder geschnitten, gegürtet von bunten Bändern.
In der Mitte des Altarraums der noch ungeschmückte Bauernstubentisch, an dem sich die Gekommenen zur Feier der Eucharistie versammeln werden.
Die Feiernden nehmen ihre Plätze ein. Liturgieblätter werden ausgeteilt. Instrumente (Klarinetten, Flöte, Gitarre, Drums) stimmen in die Melodie eines der späteren Lieder ein: »In der Mitte der Nacht ...« Die Orgel schweigt noch.

»Christ ist erstanden«

LiturgIn 1: Gruß
Gnade sei mit euch und Friede von Gott, unserem Vater, und von dem Herrn Jesus Christus!
»Der Tod ist verschlungen in den Sieg. Tod, wo ist dein Stachel? Hölle, wo ist dein Sieg? Gott aber sei Dank, der uns den Sieg gegeben hat durch Jesus Christus!« (Aus 1. Korinther 15)
Gemeinde: Amen.

LiturgIn 2: Lichtlitanei
(im Wechsel zwischen »PilgerInnen der Nacht« und Gemeinde)
P: Sei hier zugegen, Licht unseres Lebens!
G: Sei hier zugegen, in unserer Mitte!
P: Lös unsere Blindheit, daß wir dich sehen!
G: Weck unsere Sinne für dein Kommen!
P: Zeig deine Nähe, daß wir dich spüren!
G: Erweis deine Stärke, komm und befreie uns!
P: Sei hier zugegen, daß wir leben!
G: Sei hier zugegen, stark wie ein Feuer!
P: Flamme und Leben, Gott bei den Menschen!
G: Komm und befreie uns, daß wir leben!
P: Komm uns zu retten, Licht in der Frühe!
G: Komm wie ein Tag, Licht unserer Augen!
P: Sei hier zugegen mit deinem Leben!
G: In unserer Mitte, Gott bei den Menschen!
P: Herr aller Mächte, Gott für die Menschen!
G: Laß leuchten dein Antlitz, mach uns lebendig!
P: Licht am Morgen, komm und befreie uns!
G: Gott für uns alle, heute und morgen!
P: Tausend Geschlechter währt deine Treue!
G: Du bist auch heute Gott für uns alle!

P: Du bist uns nahe seit Menschengedenken!
G: Gott, du bist heilig. Wer kann dich ergründen?
P: Wer bist du, Gott? Wie ist dein Name?
G: Sei hier zugegen, laß uns nicht sterben!
P: Wenn du nicht da bist, was ist die Erde?
G: Sei du uns gnädig, hab Erbarmen!
P: Alle, die leben, warten und hoffen!
G: Tu deine hand auf, so sind wir gesättigt!
P: Send deinen Geist aus, neu uns zu schaffen!
G: Tiefe des Herzens, Licht unseres Lichts!

Text von Huub Oosterhuis / Übertragung Lothar Zenetti. Christophorus-Verlag, Freiburg

Alle
Mit allen Menschen, wo immer sie leben. Mit allen Menschen, Licht, erheben wir unsere Stimme und rufen und bitten: Tritt heraus – tritt heraus aus den Flammen und löse sie auf! Löse sie auf, die Macht des Todes, und führ' uns ins Freie. Es braucht dich das Leben, lebendig zu werden!

Ein »Pilger«/Konfirmand kommt mit einer Fackel von draußen durch den Mittelgang der Kirche und zündet die neue Osterkerze, dazu die vier Kerzen auf dem Altar an – und geht durch den Mittelgang wieder zurück.

Orgel und Gemeinde: »Christ ist erstanden ...« (EG 99)

»Auf der Schwelle«

Vier »PilgerInnen« kommen in den Altarraum und sprechen von den dort markierten Ankunftsorten aus.

PilgerIn
1. Ich komme aus der Nacht. Aus dem Dunkel in das Licht dieses Morgens. Hinter mir liegen Stunden, in denen ich sehr mit mir selbst beschäftigt und doch nicht allein war, sondern mit anderen zusammen wie zuhaus'.
2. Ich komme aus der Nacht. Aus dem Dunkel in das Licht dieses Morgens. Hinter mir liegen Stunden, die mich wachgerüttelt, aufgerüttelt haben, die mir aber auch eine Menge abverlangt, mich müde gemacht haben.
3. Ich komme aus der Nacht. Aus dem Dunkel in das Licht dieses Morgens. Hinter mir liegen Stunden, in denen ich von der Liebe gehört habe: nicht viel mehr sei sie oft als ein Augenblick, ein Quäntchen, doch erfinderisch und voller Kraft und ohne Scheu, lange und längste Wege zu gehen.
4. Ich komme aus der Nacht. Aus dem Dunkel in das Licht dieses Morgens. Hinter mir liegen Stunden, in denen ich mich wie in Abrahams Schoß gefühlt und meiner Sehnsucht freien Lauf gelassen – und doch verstanden

habe: Nur so wird der Stein ins Rollen geraten, daß du zurücklassen, aufbrechen, dein Leben der Hoffnung anvertrauen kannst – wie Abraham.

Alle (1–4)
Wir kommen aus der Nacht. Aus dem Dunkel in das Licht dieses Morgens. Und hoffen auf dich: Daß du es bist, Lebendiger, der unser Allein- und Miteinandersein, unser Unterwegssein und Rasten, unser Wachen und Träumen, unser Probieren und Scheitern in seiner Liebe begleitet und in lauter Leben verwandelt.

Instrumente und Gemeinde: »Amen, Amen, Amen ...«

LiturgIn 1: Lesung Johannes 20,11–18
»Maria aber stand draußen, außerhalb des Grabes«
Die Instrumente spielen in die Melodie »In der Mitte der Nacht« ein.

Instrumente und Gemeinde: »In der Mitte der Nacht ...«

2. Ich will Licht sein, wenn die Nacht dich schreckt.
Die richtigen Worte finden, die die Liebe weckt. Ich will Licht sein.

3. Laßt uns Licht sehn schon im Morgenrot.
Auf unsern Wegen gehen, wo kein Unheil droht. Laß uns Licht sein.

T.: Sybille Fritsch, M.: Fritz Baltruweit, aus: Fällt ein Stern aus der Bahn, 1984,

LiturgIn 2: Ansprache
Ostergeschichten, liebe Auferstehungsgemeinde, gibt es viele in der Bibel. Viele verschiedene. Doch eines verbindet sie: Mit rechten Dingen geht es in

keiner einzigen zu, und oft ist's das Erschrecken, das Entsetzen, aus dem sich, mühsam zumeist, der Glaube entpuppt - der Glaube an das Leben - der Mut, es zu wagen mit dem aufrechten Gang und dem offenen Gesicht.
In meiner Vorbereitung auf diesen Ostermorgen stieß ich auf Luise Rinser, auf eines ihrer »Tagebücher«, und dort, fast wie von selbst, auf ihre Spatzen. »Ich arbeite«, so schreibt sie, »und höre mit halbem Ohr am Fenster ein leises Klopfen, immer wieder. Schließlich schaue ich auf. Zwei Spatzen sitzen davor und picken aufs Glas, nicht aufs Holz, wo sie vielleicht etwas Eßbares hätten finden können, nein, aufs blanke Glas. Was wollen sie? Wer schickt sie? Wessen Botschaft und welche bringen sie? Ihre eigene vermutlich, die da heißt: He du, wir sind Spatzen! Hast du dich mit Spatzen schon 'mal befaßt? Begreifst du das Spätzische an uns? Stell' dir vor: Keiner von uns fällt vom Dach, ohne daß das Universum davon Kenntnis nimmt - so steht's im Evangelium!«
So wertvoll also! Dein Name, so phantasiere ich weiter, im Himmel hinterlegt! Dein Leben der Willkür entzogen! Keiner soll es wagen, sich deiner zu bemächtigen! »Ich habe dich beim Namen gerufen, du bist mein, fürchte dich nicht!«, so einer der Propheten.
Mein Namen ... also ich, wie ich bin und geworden bin und irgendwann irgendwie irgendwo noch 'mal werde: in der Hand eines, der sich nach mir durchgefragt hat und mir ausrichtet: Du - keine Angst! Nicht mehr zumindest als unbedingt nötig! Bist mein! Zu verfügen hat da keiner über dich!
Kronzeugin dafür, wie das ist, wenn es zur Begegnung mit dem Lebendigen kommt, ist Maria aus Magdala. Nach den Torturen am Karfreitag, am Ende mit ihrer Kraft, kommt sie in der Früh' zum Grab und wird Zeugin zunächst nur davon: Fort der Stein! Nicht mal den Toten haben sie mir gelassen! Nicht mal jetzt darf ich ihm gut sein, wo alles vorüber, von den Hoffnungen nichts mehr übrig geblieben ist!
Doch Maria bleibt nicht draußen - sie geht ihrer Geschichte auch jetzt nicht aus dem Weg. Mein Gott, was war sie schon alles für Wege gegangen in ihrem Leben - gerade mit ihm auch, dem »Propheten aus Nazareth«, in dessen Begleitung ihr nicht mal die Dämonen 'was anhaben konnten, von denen sie sich belagert fühlte streckenweise und die ihr Gemüt wie Gewichte beschwerten! Nein, Maria will sehen - gerade jetzt, wo es zu sehen ganz offenkundig nichts mehr gab. Also betritt sie das unheimliche Gelände - geht hinein in die Wohnung des Todes - sieht Gestalten dort auf einmal, eine zu seinen Häupten, eine zu seinen Füßen - hell wie Licht die eine wie die andere - weiß alsdann auch überhaupt nicht mehr, wo ihr der Kopf steht - doch läßt das alles in sich zu - und hört dann - hört, wie eine Stimme ihren Namen nennt - »Maria« - sie anspricht dort, wo niemand zu sehen, niemand zu hören, niemand zu fühlen, alles nur tot, namenlos unheimlich ist. Doch sie - als kümmere sie die Kulisse überhaupt nicht - als traue sie, wieder einmal, entscheidend der Stimme, die sie an die »Lilien des Feldes« und die »Vögel unter'm Himmel« erinnert, und sie, viel-

leicht nur für Augenblicke, der Lähmung ihres Belagertseins entnimmt – wendet sich ihr zu im Dunkeln – sagt, wie sie's immer tat, wenn sie mit ihm zusammen war: »Rabbuni« – und achtet gar nicht darauf, daß es der Gärtner war, der ihr gegenüberstand – warum auch!? Kam in diesem Augenblick nicht alles darauf an zu begreifen: Du – der Tod – er ist nicht stark genug, Liebe, wo sie Boden hat, zugrunde zu richten – es ist wie mit dem Weizenkorn ...
Entsprechend entfesselt Maria, wenig später, den Herren Aposteln gegenüber. Verkrümelt hatten sie sich, aus Angst, es könne ihnen wie ihm geschehen – die Zeiten seien hart – und die Mächtigen im Lande nicht zimperlich. Und vorstellen mag ich mir, daß Maria auch bei denen noch mal vorbeischauen wollte, die den Tod zu bewachen hatten, doch sich nicht auf den Beinen halten konnten mit ihren Waffen und in ihren Rüstungen an diesem seltsamen Morgen: Rappelt euch ..., so könnte sie ihnen zugerufen haben! Schaut zu, daß ihr euch nützlich macht! Helft ihm aus seiner Verlegenheit, dem Tod – er wird es euch danken! Wie – ihr reibt euch die Augen, zaudert? Auf, wälzt den Stein zurück, den schwersten, den ihr finden könnt! Der Tod, er könnte sich erkälten sonst – oder die Sonne könnte ihn blenden – oder er könnte die Lust verlieren im Dunkeln und sich in Leben verwandeln! Also laßt euch was einfallen, Wächter: Tröstet ihn – pflegt seine Wunden – seid ihm zu Diensten – preist seine Stärke – meißelt's in Statuen, Denkmäler, Tempel – praktiziert's in Bürokratien, Karrieren, Glaubenskongregationen! Meine Herrn – ihr werdet's schon richten – es ist den Todesdienern schon immer gelungen, den Auferstandenen zu domestizieren. Nur, Freunde, tut mir den Gefallen: Verwechselt den, um den ihr euch sorgt, mit dem nicht, der mich beim Namen genannt hat – denn mit dem bin ich über alle Berge – voraus im Leben!
Nach Norden, so lese ich, sei »Rabbuni« gegangen, zu den Fischern am See Genezareth. Lukas meint, mehr nach Süden habe er sich gehalten, nach Emmaus – von Jerusalem, wo sie ihn verraten und verkauft haben, nur ein paar Schritte entfernt. Norden, Süden. Überall ist Jerusalem. Überall wird verraten und verkauft und geschlagen und getötet und vergessen und vergessen gemacht. Und das Leben? Überall ist es darauf angewiesen, daß es geträumt wird. Aber auch, daß der Traum in die Wirklichkeit hinübergeträumt wird – also endlich eine(r) anfängt mit dem Leben, es aus der Asche holt und wieder und wieder »beim Namen ruft«, wo immer es in der Gefahr steht, untergepflügt zu werden. Ich muß an »Schindlers Liste« denken, wo sie dastehen in ihrer bankrotten Fabrik, letzte Frontberichte hören und Sabbat feiern – und der Alte sagt: »Wer einen rettet, rettet das Leben ...«

Die Instrumente spielen die Taizé-Melodie »Meine Hoffnung, meine Freude ...« ein.

Instrumente und Gemeinde: »meine Hoffnung ...«

»Daß einer mit mir geht«
Taufe und Tauferinnerung

LiturgIn 3: Meditation
Ich möcht', daß einer mit mir geht, / der's Leben kennt, der mich versteht, / der mich zu allen Zeiten / kann geleiten.
Ich wart', daß einer mit mir geht, / der auch im Schweren zu mir steht, / der in den dunklen Stunden / mit mir verbunden.
Es heißt, daß einer mit mir geht, / der's Leben kennt, der mich versteht, / der mich zu allen Zeiten / kann geleiten.
Sie nennen ihn den Jesus Christ, / der durch den Tod gegangen ist: / Er will durch Freud und Leiden / mich begleiten.
Text: Hanns Köbler, © Gustav Bosse Verlag, Kassel

Im Wasser des Brunnens, liebe Tauffamilie, liebe Ostergemeinde, ist der jetzt ganz nah'. Wie damals in der Wüste, als sie am Ende waren und Wasser aus dem Felsen floß und das Gesicht der Hoffnung nie schöner war.

»PilgerInnen« tragen in einem alten Krug Wasser zum Taufstein und füllen ihn. Das Quäntchen Licht wird im Zeichen der Taufkerze erkennbar, die an der Osterkerze entzündet und auf den Rand des Taufsteins gestellt wird.

LitugIn 3: Einsetzung
So Jesus zu seinen Jüngern damals: »Mir ist gegeben alle Gewalt im Himmel und auf Erden. Darum geht hin und macht zu Jüngern alle Völker. Tauft sie auf den Namen des Vaters und des Sohnes und des Heiligen Geistes, und lehrt sie halten alles, was ich euch gewiesen habe. Siehe, ich bin bei euch alle Tage bis an der Welt Ende!« (Matthäus 28,18 ff.)

Tauffamilien und Gemeinde: Taufbekenntnis

Glaubensbekenntnis

ich glaube, daß du ganz anders bist, Gott,
als wir denken;
daß du dich niemals festschreiben läßt
in eine Gestalt, in ein Bild

ich glaube an dich, heilige Kraft,
die Mutter und Vater für uns ist
in Weisheit und Güte:
und daß uns Leiden und Not nicht trennen
von dir;
ich glaube, daß du Erde und Himmel
geboren hast,
das Weltall mit Sonnen- und Planetensystemen,
und daß du weiter Leben schenkst,
auch, wenn wir es nicht sehen;

ich glaube an Jesus von Nazaret,
den Menschen deiner Liebe,
der aus dir und in dir lebte und lebt,
deinen Sohn, unsern Bruder;
Maria hat ihn, innig vereint mit dir,
geboren;
in Liebe und Treue zu dir und zu
uns Menschen ist er am Kreuz gestorben;
er wurde begraben
und du hast ihn aus dem Tode geweckt
in unvergängliches Leben mit dir;

ich glaube an den Heiligen Geist,
die Schöpferin Liebe;
ich glaube, daß du unsre christlichen
Kirchen
verwandeln und heiligen willst,
daß du unsre offnen Herzen erwartest,
damit die Erde bewohnbar bleibt;

ich glaube an die Gemeinschaft aller,
die dich unter vielen Namen suchen;
denn du bist göttliche Fülle,
du willst uns heilen und sammeln;

ich glaube, daß du uns unbedingt annimmst
als Kinder,
ob Frau oder Mann,
ob schwarz oder weiß,
ob arm oder reich;
ich glaube, daß du die Schulden vergibst,
die Sünde heimatlos machst im Leben;

ich glaube, daß du uns durch den Tunnel
des Todes in Leben und Freude rufst
für immer

Amen

Aus: Christa Peikert-Flaspöhler, Du träumst von mir, mein Gott. Frauen beten, © Lahn-Verlag, Limburg/Kevelaer ³1994, Seite 81 f.

LiturgIn 3: Tauffrage

Es ist soweit. Der sie durchgetragen hat, die Liebe, ist angekommen am Ziel – ist zum »Erstling des Lebens« geworden. Der Tod? Er war nicht stark genug, ihn festzuhalten. »Tod, wo ist dein Stachel? Hölle, wo ist dein Sieg?« Den Sieg zu feiern, deswegen, liebe Gemeinde, dieser Gottesdienst. Und um ihn dir, Krischan, ganz persönlich »in Herz und Sinn zu senken«, dich »beim Namen zu rufen«, deswegen die Feier der Taufe!

Wenn ihr Krischan begleiten wollt auf seinem Weg, auf den ihn die Liebe ruft, liebe Tauffamilie und liebe Gemeinde, dann versprecht es mit den Worten: »Ja, mit Gottes Hilfe!«

Tauffamilie und Gemeinde: Taufversprechen
(Danach: Taufhandlung am Taufstein - Taufsegen - Übergabe der Taufkerze. In Form eines versiegelten Briefes wird dem Taufkind eine Tauftag-Erinnerung geschenkt: ein Bildblatt, das im oberen Teil eine Wurzel zeigt, aus der ein grüner Zweig wächst. Text: »Sprich uns von den Kindern, Prophet! Eure Kinder sind nicht eure Kinder. Sie sind Söhne und Töchter des Lebens. Sie suchen sich selbst. Sie kommen nicht ohne euch, aber sie gehören euch nicht. Ihr könnt ihnen eure Liebe geben, doch nicht eure Gedanken. Sie haben ihre eigenen. Ihr könnt ihren Leib beheimaten, doch nicht ihre Seele. Sie wohnt im Haus von morgen. Ihr könnt versuchen, ihnen gleich zu werden, doch nicht, sie euch gleich zu machen, denn das Leben zieht weiter. Wie der Bogen seid ihr: Der Pfeil wird ihn nutzen, sich auf und davon machen ...« / Nach Khalil Gibran. Einer der Paten hat sich für Krischan einen Segen ausgedacht und spricht ihn dem Täufling am Taufstein zu.)

Pate: Wegesegen
Heute, Krischan, ging der Himmel über dir auf. Nur einen Augenblick. Doch gab es da, glaub' mir, einen Augenblick lang nichts Wichtigeres als dich! So nimm nun von der Sonne und geh'! Geh' deinen Weg ins frei geräumte Leben! Die Bäume werden Blätter haben, sie werden sich schmücken, du wirst sehen!
Und kommst du zum Fluß, so wartet dort der Fährmann, du brauchst nur zu läuten, sein Boot hat kräftige Planken. Und drüben, die Ufer, sie werden bewohnt sein! Du wirst Menschen begegnen, die gut zu dir sind, die dich begleiten, auf die Verlaß ist, sie haben es dir versprochen! Und wiederfinden, in allem, wirst du den, der dich beim Namen gerufen hat, im Wasser der Taufe dir zugeflüstert hat: Fürchte dich nicht - du bist mein - dem Finsteren ist widersprochen - du gehörst der Hoffnung - du gehörst ins Leben!
An diesem Ostermorgen bekommen alle Getauften »ihren« versiegelten Brief, dazu eine kleine Tauferinnerungskerze. Bevor die Geschenke ausgehändigt werden, wendet sich der/die LiturgIn an die Gemeinde.

LiturgIn 4: Tauferinnerung und Gebet
»Kinder des Lebens« auch wir! Auch uns hat sich Gott, als wir getauft wurden, mit seinem Sieg über das Leben ganz persönlich geschenkt! Heute will er uns daran erinnern - im Zeichen des großes Steines, der ins Rollen geriet und das Leben freigeben mußte - im Zeichen des kleinen Lichtes auch in unseren Händen, das uns sagt: »Der Weg ist weit. Ich brauche deine Gaben. Gemeinsam werden wir ankommen am Ziel ...«

Lebendige Liebe! Ehe wir dich suchten, warst du da. Bevor wir dich Vater nannten, hast du uns als Mutter umsorgt. Beugten wir die Knie vor dir als dem Herrn, kamst du als Bruder uns entgegen. Beschworen wir deine Brüderlichkeit, erging deine Antwort schwesterlich. Immer bist du es, der vorher war. Allwärts bist du es, der begegnet ... mich einlädt, mich aufschließt zum Leben. Dank dir, guter Gott! Amen.

Orgel und Gemeinde: »Morgenglanz der Ewigkeit« (EG 450,1-4)

»Sein Brot ich eß, sein Lied ich sing«
Eucharistie

LiturgIn 1: Meditation

Wes' Brot ich eß',
des' Lied ich sing.
Ich geh' den Weg,
auf dem er ging.

Wes' Brot ich eß',
des' Lied ich sing.
Ich seh' das Kreuz,
an dem er hing.

Ich geh' den Weg,
auf dem er ging.
Sein Brot ich eß,
sein Lied ich sing'!

Text: Lothar Zenetti, Rechte beim Autor

Durch den Mittelgang des Gottesdienstraumes tragen »PilgerInnen« Blumen, Tischdecke, einen Christus-Corpus, eine Oster-Ikone, eine alte Schriftrolle, dazu Krüge mit Saft und Becher und drei Fladenbrote zum bereit gestellten Tisch in der Mitte des Altarraumes und schmücken diesen zum »Tisch des Friedens«. Dies geschieht in Ruhe. Die Orgel spielt sachte Messiaen-Töne.

LiturgIn 1: Einsetzung
Als Jesus mit seinen Jüngern das Brot brach und den Kelch weiter gab, erinnerte er sie an die Zeiten des alten Volkes Israel. Als sie Knechte in Ägypten waren. Brot und Wein hätten sie miteinander geteilt damals - einander sich vergegenwärtigt: »Stärken wollen wir uns - für den Weg in die Freiheit - fort vom Tod - mit Gott ins Leben!«
Und so nahm er das Brot in jener Nacht, dankte Gott und brach es in Stücke, teilte es aus unter sie und sprach: Nehmt und eßt! Es ist ein Teil von mir - und macht euch frei.

Und dann nahm Jesus den Kelch, dankte Gott noch einmal, gab ihn seinen Freunden und sprach: Nehmt und trinkt! Ich geb' euch mein Ureigenes, halte es nicht zurück. Gottes Bund ist neu geschlossen. Seine Liebe ist ohne Ende - euch zum Leben.
So eßt und trinkt. Und »schmeckt und seht, wie freundlich der Herr ist - wohl dem, der auf ihn traut!«

Die Instrumente spielen in die Taizé-Melodie »Laudate omnes gentes ...« ein.

Instrumente und Gemeinde: »Laudate omnes gentes ...«

LiturgIn 2
Und wenn wir jetzt gleich zusammen kommen, hier vorne an diesem geschmückten Tisch, das Brot uns reichen von Hand zu Hand, dann geben uns die Erinnerung daran Kraft, unsere Hand nicht mehr gegen andere zu erheben, sondern ihnen gut zu sein: Halt in haltlosen Zeiten, Stütze auf schwierigen Wegen.
Und wenn wir uns den Kelch geben und daraus trinken, dann stärke uns die Erinnerung daran, andere nicht zu verraten. Ihnen dadurch gut zu sein, daß wir sie sprechen lassen und uns hörend als ihre Verbündeten erweisen. Das »Fest des Lebens«: Wir feiern es am Tisch des Auferstandenen. Leben und Frieden - nehmt aus seiner Fülle. Er hat es im Überfluß. Er ist es selbst. Er will uns daran teilhaben lassen. Kommt, alles ist bereitet!

Die Instrumente spielen in das »Halleluja«/EG 182 ein. Es wird mehrmals wiederholt/im Kanon gesungen. Dann kommen die Feiernden in einem großen Rund um den bereiteten Tisch zusammen. Die Cummunio schließt, indem sich die KommunikantInnen nach rechts und links die Hände geben.

LiturgIn 2
Gestern die Verwandlung des Wassers in Wein. Heute die Verwandlung des Weins in Christi Blut. Morgen die Verwandlung des Todes in das Leben des Auferstandenen.
Es wachse in euch und stärke euch der Friede des Herrn!

LiturgIn 3: Dank
Gott des Lebens, zugewandt hast du dich dieser Welt und ihren Menschen. Zugewandt in Jesus Christus, der durch uns starb und durch dich lebt. Wir danken dir.
Nicht mehr abwenden willst du deinen Blick von dieser Welt, dein Antlitz leuchten lassen über allem, was lebt. So sieh nach uns. Sieh nach uns in der Friedlosigkeit unseres Herzens. Sieh nach uns in der zerstörerischen Begehrlichkeit unserer Ansprüche. Sieh nach uns in unseren Worten und in unseren Gedanken, wenn sie sich schuldig machen an anderen Menschen.

Sieh nach all dem Haß und all dem Streit in dieser Welt. Sieh nach all den Konflikten, die offenbar nur noch mit Gewalt gelöst werden können. Sieh nach all denjenigen, die politische Entwicklungen zu verantworten haben, und bewahre uns davor, die Last solcher Entwicklungen nur immer den ganz wenigen, von denen wir es erwarten, aufzubürden. Sieh, Gott, nach all den Menschen, die zu Sündenböcken gemacht werden: Ausländer, Arbeitslose, Asylsuchende, Flüchtlinge, Behinderte. Sieh nach den Menschen, die unter Krieg leiden: Sieh nach ihrer Not und hilf ihnen, vom Griff der Schreckensbilder frei zu kommen, die sich in ihre Seele eingefressen haben und sie als Beute betrachten.
Lebendiger, lebendig machender Gott: Sieh nach uns - deinen Menschen - deinen Geschöpfen - deiner ganzen Welt.
Stilles Gebet

Alle: Vater Unser

Orgel und Gemeinde: »Bewahre uns, Gott ...« (EG 171,1-4)

LiturgIn 1: Segen
Gott behüte unser Kommen und Gehen.
Gott bewahre uns vor allem Bösen.
Gott stärke uns mit seinem Frieden.
So segne uns Gott:
der Vater/der Sohn/der Heilige Geist.

Die Instrumente spielen noch einmal das »Amen, Amen, Amen« an. Die Feiernden stimmen ein und wiederholen einige Male. Nach der Osterfeier findet im angrenzenden Gemeindezentrum an bunt geschmückten Tischen das Osterfrühstück statt. Nicht nur die TeilnehmerInnen der Ostermorgenfeier nehmen daran teil: diejenigen auch, die den Ostergottesdienst um 9.30 Uhr besuchen wollen, und die Gruppen der Kinderkirche/mit deren Familien.

Der Gang zur Quelle

Gottesdienst am Ostermorgen *Helmut Siegel*

Treffen vor der Kirche, Liedblätter und Taufkanne mitnehmen.
Gemeinsamer Weg in die Begegnungsstätte, Mitgebrachtes fürs Frühstück abgeben!
Verhaltensregeln: Schweigend gehen, ca. 15-20 Minuten, auf Sinne wirken lassen.

Gebet
Gott unser Vater! Du bist der Schöpfer von allem, was ist. Aus dem Chaos hast du die Welt in die Ordnung gerufen, das Wasser sich sammeln lassen,

in ihm den Anfang allen Lebens entstehen lassen. Wir, die wir zur Quelle gehen, suchen das Wasser des Lebens für uns. Laß es uns finden. Das bitten wir dich im Namen Jesu, den du von den Toten erweckt hast und zum ersten Träger des ewigen Lebens gemacht hast.
Amen

Weg durch den »Liebesgrund« zum Brunnenschacht, entriegeln, Schöpfvorrichtung vorbereiten:
Lied: »Geh, geh, geh zum Quell und sage ...« Aus dem Musical »Ave Eva oder Der Fall Maria« von Peter Janssens und Wilhelm Willms. Peter Janssens Musikverlag, Telgte 1974. Im Original lautet die Zeile: »Geh zum Fels«.

Mitten in unserer Stadt gibt es eine lebendige Quelle, gut 500 m von hier, die Sültequelle. Doch: Eine Stadt von heute kann eine Quelle nicht brauchen. Ihr Wasser stört, denn das Leitungsnetz der Wasserwerke ist auf die Aufnahme des Harzwassers aus den Talsperren dort ausgerichtet. Eine lebendige Quelle paßt nicht ins Konzept, macht höchstens den Baugrund unsicher, die Keller feucht. So hat man die einzige Quelle mitten in der Stadt in ein Rohr gepreßt, verrohrt wird ihr Wasser hierhin geführt, dort fließt es in den Kahlenberger Graben, ungenützt.
Für mich ist dies ein Zeichen, ein Zeichen, wie sehr wir das Lebendige, Ungeplante verdrängen, es nicht brauchen können.
Wir wollen heute ein anderes Zeichen setzen, wollen die lebendige Quelle wieder nutzen für uns, unsere Kirche, wollen Wasser aus ihr schöpfen, reines Wasser bester Trinkwasserqualität.
Nach einem alten Brauch muß man sich mit dem ersten am Ostermorgen geschöpften Wasser die Augen waschen, damit man richtig sieht. Das Leben richtig sieht, den lebendigen Christus sieht in unserem Leben, die Begegnung mit ihm nicht verpaßt.
Das kann jetzt jeder, der will, tun, mit dem Wasser, das ich jetzt schöpfen werde.
Ein Eimer Wasser wird geschöpft, Menschen waschen sich die Augen.
Nun wollen wir Taufwasser schöpfen für die Taufen der Kinder in der nächsten Zeit in unserer Kirche.
Ein Eimer Wasser wird geschöpft.

Laßt uns beten:
Gott, du Schöpfer von allem, was lebt. Aus dem Wasser hast du alles Leben hervorgehen lassen. Segne dieses Wasser, gib ihm Lebens- und Segenskraft.
Jesus Christus, du lebendiger Erlöser, der du vom Tod nicht festgehalten wurdest, so wie die Erde dies Wasser nicht festhalten kann, wir bitten dich, segne dieses Wasser.

Gott, du Heiliger Geist, der du unseren Sinn erfrischst und lebendig machst, so wie die Durstigen dies Wasser erquickt und erfrischt, wir bitten dich, segne dieses Wasser.
So segne dieses Wasser der dreieinige Gott, der Vater, der Sohn und der Heilige Geist.

Lied: »In Gottes Namen wollen wir suchen, was lebendig ist ...« Peter Janssens. Von der LP »Ich liebe das Leben«, 1981. P. Janssens Musikverlag, Telgte.

Laßt uns nun gehen und dies Wasser in die Taufkapelle unserer Kirche bringen.
Gott behüte unseren Weg!

In der Kapelle:
Der Herr sei mit euch!
Und mit deinem Geist!
Dies ist die Stunde, in der die Frauen am Grab entdecken: Jesus ist nicht ein Leichnam, der einbalsamiert und verehrt werden will. Er ist mit dem neuen Leben Gottes begabt, dem alten Leben und auch dem Tod entnommen. Etwas ganz Neues, der Beginn einer Neuschöpfung des Lebens hat begonnen, ein Leben, das den Tod schon hinter sich hat. Das neue Wasser, von uns hierhin gebracht, ist ein Zeichen dafür.
Laßt uns Gott für diesen Sieg über den Tod danken und im Wechsel den *Psalm* 118 beten. Sie finden ihn unter Nummer 747 im Gesangbuch. Wir beten ihn bis zu der Zeile »O Herr hilf!« Und schließen das Psalmgebet mit dem gemeinsam gesprochenen Ehre sei dem Vater und dem Sohne und dem Heiligen Geiste wie es war im Anfang jetzt und immerdar und von Ewigkeit zu Ewigkeit. Amen

Lied: Laudate omnes gentes ...

Lesung Josua 3,5-17 »Israel überschreitet den Jordan«
Lesung Markus 1,9-11 »Jesu Taufe im Jordan«

Ansprache
»Über den Jordan gehen - in den Jordan gehen«

2 Wassergeschichten. 2 Geschichten, die 2 Seiten des Wassers zeigen. Einmal ist das Wasser das feindliche. Es hindert, ins gelobte Land zu kommen. Wer in den Fluß geht, wird versinken und ertrinken. Wasser ist hier das Zeichen des Todes. Nur durch Gottes wunderbare Macht wird es Israel möglich, über den Jordan zu gehen, ohne zu ertrinken.

Wir kennen diese tödliche Macht des Wassers, auch in unserer Sprache ist sie aufbewahrt: »Mir steht das Wasser bis zum Hals«, »Ich gehe unter in all den Anforderungen«, »ertrinke in Arbeit«, bis zu dem flapsigen Spruch in Krankenhäusern, mit dem man sich den Tod vom Leib hält: »Der ist über den Jordan gegangen« sagt und meint: »Er ist gestorben«.
Mehr als tausend Jahre später spielt die andere Geschichte. Die erzählt von einem, der geht in den Jordan hinein, taucht unter, aber wieder auf, und als der, der aus den tödlichen Fluten auftaucht, hört er die Himmelstimme: »Du bist mein geliebter Sohn, an dir habe ich Wohlgefallen.«
Letztlich bildet die Geschichte von der Taufe Jesu sein ganzes Lebensgeschehen ab. Sie erzählt: »Da ist einer, der sich in den Tod hinein begibt, freiwillig. Und er ist der, der von innen den Tod besiegt, in ein neues Leben aufersteht.
Wir wissen: Wir können nicht über den Jordan gehen, wir versinken im Abgrund des Todes. Die Geschichte Jesu aber erzählt: Gott aber ist auch Herr über den Abgrund und die Tiefe, weil er in diesen Abgrund hineingegangen ist, ohne daß er ihn festhalten konnte. Gott - Herr über den Abgrund des Todes und Herr über den Abgrund in mir. Und so wird das Wasser verwandelt, wird vom feindlichen Element des Todes, das vom gelobten Land fernhält, zum lebendigen, lebensschaffenden Element, zum Teil der Kraft Gottes.
So ist unsere Taufe zweierlei: Es ist der an uns vollzogene Tod, der von Gott trennt. Und es ist Lebenszeichen, zeigt an, daß wir schon über den Jordan sind, den Tod, der von Gott trennt, schon hinter uns haben. Christus lebt - mit ihm auch wir!
Amen

Einladung zum Taufgedenken

(Text siehe: Mit Konfirmanden Glauben vorstellen M 9 des Modells »Sein wie eine Wasserquelle):
Das Wasser unserer Taufe sehen wir nicht mehr mit unseren Augen, spüren wir nicht mehr auf unserer Haut.
Es war ein Zeichen für das, was uns lebenslang zugesagt bleibt:
Gott schätzt dich und mag dich wie ein guter Freund, der kommt, wenn du dich einsam fühlst, der dich abholt aus Traurigkeit, dich aufrichtet, wenn du nicht mehr kannst, dir neuen Mut und Hoffnung gibt.
Gottes Segen schützt dich wie ein Haus in der Nacht, er trägt dich wie ein starkes Schiff durch die Wellen.
Gott weckt dich auf wie ein Freund, der ehrlich bleibt, der sagt, wo dein Weg in Schuld und Dunkel enden wird; der dich bei der Hand nimmt und ins Freie führt, ins Leben, zum Frieden.
Nimm diese Zusage auf in dein Selbstgefühl und deine Gedanken, in deine Absichten und dein Verhalten.
Dein Taufwasser spürst du nicht mehr, aber dein Name wird nicht verges-

sen. Er ist geschrieben im Buch des Lebens. Das kostbare Bild Gottes in dir geht nicht verloren.
Laß dich an deine Taufe erinnern.
Gemeinde kommt nach vorn, Kreuzzeichen auf die Stirn mit Taufwasser.
»Du bist getauft im Namen des dreieinigen Gottes.«

Schlußgebet

Gott,
ein neuer Tag liegt vor uns,
ein Tag,
an dem wir das Geheimnis der Auferstehung feiern und
preisen,
das Geheimnis,
das blüht Licht und Finsternis
das Geheimnis
das aufsteht gegen den Tod bei Tag und bei Nacht,
das Geheimnis,
das du uns immer neu verheißt.

So danken wir dir
für diesen Ostermorgen
und bitten dich,
laß uns etwas mitnehmen von deiner Wahrheit,
die erklingt hinter allen Worten,
die auflebt hinter allen Gedanken,
die uns fordert und trägt,
an allen Tagen und in allen Nächten unsres Leben.

Vater unser im Himmel …

Lied: EG 99

Segen

und dann:
Und so grüße ich euch jetzt mit dem Gruß der orthodoxen Christen am Ostermorgen:
»Der Herr ist auferstanden!«
Gemeinde: »Er ist wahrhaftig auferstanden!«

Einladung zum Osterfrühstück

Ein alter Becher erzählt

Familiengottesdienst am Ostersonntag
zur Emmausgeschichte Lukas 24,13-35 *Heinz-Martin Krauß*

Am Ostersonntag versammelt sich die Gemeinde zunächst zum gemeinsamen Osterfrühstück, das von einer Gruppe ehrenamtlicher Helfer am Abend vorher und am frühen Morgen vorbereitet wird. Für die Kinder wird immer ein kleines »Osterei« versteckt. Für diesen Gottesdienst liegt ein großes Blatt mit einem vorgezeichneten Kreuz und vielen Stiften auf einem Tisch, das die Kinder mit allem bemalen können, was lebendig ist: Tieren, Pflanzen, Menschen usw.
Dieses Kreuz wird dann zusammen mit der Altarbibel und der neuen Osterkerze in die noch dunkle Kirche getragen. Die Sprecher der Geschichte ziehen mit ein. Etwas ältere Kinder bekommen eine kleine Kerze und ziehen gemeinsam vom Gemeindehaus aus mit in die Kirche ein.

Begrüßung im Saal
Ich begrüße Sie und euch, liebe Kinder, ganz herzlich an diesem Morgen. Es ist ein besonderer Morgen, denn wir feiern Ostern. Wir freuen uns, daß unser Gott lebendig ist und in Christus bei uns ist. Deshalb wünschen wir uns frohe Ostern!
Ich freue mich, daß wir für dieses Frühstück wieder so viele sind. Damit alles auch schön und lecker ist, hat eine Gruppe aus der Gemeinde viel gearbeitet. Bei allen, die mitgemacht haben, möchte ich mich ganz herzlich bedanken.
Nun sind noch zwei Dinge anzukündigen. An das Frühstück schließt sich um 10.30 Uhr der Familiengottesdienst an. Dafür lade ich alle Kinder ganz herzlich ein, mit mir zusammen in die Kirche einzuziehen. Jedes Kind bekommt eine Kerze, denn wir wollen das Osterlicht in die Kirche bringen und die am Karfreitag erloschenen Kerzen wieder anzünden. Alle, die dazu Lust haben, treffen sich mit mir 5 Minuten vor dem Gottesdienst hier vorne vor dem Büro unserer Gemeinde.
So, und nun kommt für alle Kinder noch ein wichtiger Teil: Ihr könnt nämlich jetzt eine kleine Osterüberraschung suchen, die im Gemeindesaal/ Garten (je nach Witterung) versteckt ist. Denkt bitte daran: Für jedes Kind gibt es nur ein Geschenk. Anschließend fangen wir dann mit dem Frühstücken an. Na denn los!!

Der Altar ist geschmückt, die Kerzen sind aber noch aus.
Orgelvorspiel
Einzug der Kinder mit Kerzen, ausgemaltem Kreuz, Altarbibel und Osterkerze von Sprechern getragen.

Begrüßung
Jesus Christus ist auferstanden, ja er ist wahrhaft auferstanden!

Sein Lebenslicht ist ausgelöscht worden, aber Gott hat es wieder angezündet, so wie wir heute die Kerzen als Zeichen dafür wieder angezündet haben. Gott ist mitten unter uns - deshalb freuen wir uns und feiern heute diesen festlichen Ostergottesdienst. Wir feiern ihn im Namen des Vaters und des Sohnes und des Heiligen Geistes. Amen.

Abkündigungen

Lied: Hallo, lieber Gott (einüben - mit Klatschen). Es ist von Fritz Baltruweit und im tvd-Verlag Düsseldorf veröffentlicht.

Psalm
Gemeinde und Lektor im Wechsel
Wunderbare Welt (nach Psalm 8)

G.: Herr, unser Herrscher
wie herrlich ist dein Name in allen Landen.

Wir freuen uns, daß du da bist.
Wir loben dich von ganzem Herzen.
Ob groß oder klein,
alle staunen und sagen: Gott, du bist groß.

G.: Herr, unser Herrscher,
wie herrlich ist dein Name in allen Landen.

Den Mond und die Sterne, den ganzen Himmel,
hast du mit eigener Hand gemacht.
Großartig ist der Mensch.
Er kann denken und sein Leben gestalten.
Du denkst an ihn und begleitest seinen Weg.

G.: Herr, unser Herrscher,
wie herrlich ist dein Name in allen Landen.

Schaut euch die Welt an, Vögel in den Bäumen, Schafe auf der Weide,
Fische im Wasser. Es ist schön, auf der Welt zu sein.
Staunt über die Natur:
Bäume bringen Frucht, Pflanzen bringen Nahrung,
der Boden ist voller Schätze.
Wir sind dankbar für diesen Reichtum.

Herr, unser Herrscher,
wie herrlich ist dein Name in allen Landen. Amen.

Aus: Er gebe uns ein fröhlich Herz, herausgegeben vom Württembergischen Evangelischen Landesverband für Kindergottesdienst, Verlag Junge Gemeinde, Leinfelden-Echterdingen, 4. Auflage 1993, Nr. 28.

Taufiied: EG 201,2,4 Ich bin getauft auf deinen Namen

Taufen

Gebet

Glaubensbekenntnis
Ich glaube an den einen Gott blind für Hautfarben
den Schöpfer einer bunten Menschheit,
der das Universum erschuf
und eine Fülle von Kostbarkeiten ausschüttet
zur gerechten Verteilung unter seinem Volk.
Ich glaube an Jesus Christus,
geboren von einer Frau des einfachen Volkes,
der verlacht, entstellt und hingerichtet wurde
und am dritten Tag als Sieger erstand.
Er fegt durch die Ratssitzungen an Gipfelkonferenzen,
wo er die eiserne Herrschaft der Ungerechtigkeit stürzt.
Er wird fortfahren. Gericht halten
über den Haß und die Arroganz von Menschen.
Ich glaube an den Geist, der versöhnt,
die eine Kirche der Entrechteten,
die Gemeinschaft der Ungezählten, die leiden,
die Macht, welche die entmenschlichenden Mächte besiegt.
Ich glaube an die Auferstehung des Menschen
in Gerechtigkeit und Gleichberechtigung
und an den endgültigen Sieg brüderlicher Liebe. Amen
aus Zimbabwe

Dieses Lied leitet die Geschichte ein, die wir heute hier gemeinsam im Gottesdienst hören werden:

Lied: Das Lied vom »Miteinanderessen«

2. Jesus gab ein Beispiel für uns alle, aß mit vielen Menschen – brüderlich!
Viele sind so einsam, wären gern gemeinsam,
./. kommt wir schließen keinen aus ./.

3. Doch nicht zu vergessen, wenn wir essen, dafür auch zu danken, lehrte ER! Denn die guten Gaben könnten wir nicht haben,
./. gäbe es nicht Gottes Kraft ./.

Text und Musik: Wolfgang Longardt, aus: Was macht der Hahn dort? Nr. 049, © ABAKUS; Musik Barbara Fietz, 35753 Greifenstein

Lesung: Jesus begleitet zwei Jünger auf dem Weg nach Emmaus (Lk 24,13-24.28-35)

Predigt
Ein alter Becher erzählt

Wir hören nun die Geschichte eines alten Bechers aus Emmaus. Diese Geschichte soll deutlich machen, warum das, was wir eben aus der Bibel gehört haben, für die Freunde Jesu und auch noch für uns so wichtig ist. In dieser Geschichte spielen vier Rollen mit:
K: Katja - ein neugieriges Mädchen
M: Markus - ein Junge, der Langeweile hat
B: Ein Becher - der lange auf einem Dachboden vergessen wurde
P: Pastor/in oder Erzähler/in

K: Du, Pastor.
P: Ja?
K: Warum gibt's Ostern immer Ferien?
K: Weil Ostern für die Christen der höchste Feiertag ist.
K: Was feiern wir dann denn?
P: Wir feiern, daß Jesus, der Sohn Gottes, lebendig ist, obwohl ihn die Menschen töten wollten, und daß er uns nie mehr verläßt.
K. Du, Pastor.
P: Ja?
K: Kannst du das auch so sagen, daß das jeder versteht - ich meine jeder, nicht nur die Großen, sondern auch die Kinder?
P: Äh. Na gut, ich werde es versuchen. Mal sehen - ja, da fällt mir eine Geschichte ein. Es ist die Geschichte von Markus und dem Becher.
K: Ist das eine spannende Geschichte?
P: Das kannst du mir ja dann sagen, wenn du sie gehört hast.
K: Fängst du jetzt an?
P: Es war an einem langweiligen Sonntagvormittag.
K: Ha, du hast was vergessen!!
P: Was denn?
K: Du bist aber ein komischer Geschichtenerzähler, Pastor - eine Geschichte fängt doch immer an mit »Es war einmal« - also fang noch mal an.
P: Also gut, also gut: Es war einmal vor langer, langer Zeit an einem langweiligen Sonntagvormittag. Markus war alleine zuhause. Seine Eltern hat-

ten ein Geschäft, so daß sie auch oft am Sonntag arbeiten mußten und nicht zuhause waren. Vorgestern war Karfreitag gewesen - die Straßen waren wie leer gefegt, und alle Geschäfte waren zu. Und dann auch noch dies blöde Wetter! Es regnete und regnete. Nach draußen konnte er nun schon seit Tagen nicht.
Dieser Sonntag war besonders langweilig. Es waren nämlich Osterferien, und viele seiner Freunde waren mit ihren Eltern unterwegs. Auch zuhause gab es niemanden, mit dem er hätte spielen können. Selbst die Katze schien heute frei zu haben. Alleine war es einfach stinklangweilig. Ihm fiel einfach nichts ein, wozu er jetzt Lust hatte. Lesen? Er hatte nichts Spannendes mehr zuhause. Spielzeug? Er hatte gerade seine neuen Zinnsoldaten seinem Freund Michel geliehen und die alten Holzsachen waren - langweilig. So saß er in seinem Zimmer auf seinem Bett, schaute durchs Fenster auf den Regen, der in langen Streifen die Scheibe hinunter lief. Von den Bäumen und Büschen tropfte das Wasser und sammelte sich in braunen Pfützen. Markus stand auf und schlenderte durchs Haus. Sie hatten ein altes, windschiefes Haus im Schnoor. Es hatte nun schon mehr als zweihundert Jahre auf dem Buckel - es war nämlich im Jahr 1327 gebaut worden. So stand es jedenfalls draußen über dem Eingang. Als er nun durch das Haus streifte, kam er an der Tür vorbei, die auf den Dachboden führte. Ja, dachte er für sich, das könnte doch spannend sein, in all dem alten Kram zu musen. Er öffnete also die Tür. Ein kühler und muffiger Geruch strömte ihm entgegen. Dort standen viele große Schränke voller alter Sachen. Ein altes Bett, Geschirr und Töpfe, die selten gebraucht wurden, ein alter Anzug, der ihm schon längst zu klein geworden war. Als er sich so umschaute, fiel ihm eine kleine Truhe auf, die er noch nie beachtet hatte. Sie war aus dickem Holz und hatte an den Ecken Metallkanten zum Schutz.
M: »Was da wohl drin ist?«
P: Er hatte diese Truhe noch nie offen gesehen. Und seine Eltern hatten sie nie beachtet. Sie sah sehr alt aus, mit den vielen Löchern, die die Holzwürmer gefressen hatten. Markus räumte den Weg frei und zog die Truhe ein Stück heraus.
M: »Donnerwetter, das Ding war ja viel schwerer, als ich gedacht habe! Ich bin ja gespannt, was da drin ist!«
P: Doch dann sah er enttäuscht, daß die Truhe auf der anderen Seite ein dickes, eingerostetes Schloß hatte. Er murmelte leise vor sich hin:
M: »Ich möchte doch so gerne das Geheimnis dieser Truhe lüften!«
P: Und wie von Zauberhand schnappte das dicke, verrostete Schloß auf. Schnell öffnete er den Deckel - doch was für eine Enttäuschung! Nur eine vergilbte Rolle und ein kleiner Kasten. Die Rolle war mit seltsamen Zeichen beschrieben. Man konnte nichts davon lesen - es sah aus wie chinesisch. Dann nahm er den kleinen, schweren Kasten in die Hand. Er schob den eingelassenen Holzdeckel zurück. Aber darin war nur ein Becher aus Ton - und der war auch noch total schmutzig. Markus hielt ihn gegen das

Licht. Eigentlich ein ganz hübscher Becher, dachte er. Man müßte ihn nur mal abwaschen. Plötzlich hörte er eine Stimme.
B: »Nein, du darfst mich nicht abwaschen, denn ich bin ein heiliger Becher. Ich bin der Becher, aus dem der Herr getrunken hat.«
P: Vor Schreck hätte Markus beinahe das Gefäß fallen gelassen. Ein Becher, der etwas zu sagen hatte, das hatte er noch nicht erlebt.
B: »Ja, ich bin ein besonderer Becher, meine Geschichte steht auf der Rolle, die mit in der Truhe gelegen hat.«
M: »Aber von diesem Chinesisch kann ich ja kein Wort lesen!«
B: »Chinesisch - papperlapapp - das ist altes Griechisch! Und dort steht meine Geschichte ganz genau aufgeschrieben. Aber du scheinst in der Schule ja nicht so gut aufzupassen, wenn du nicht einmal diese einfache Geschichte lesen kannst!«
M: »Aber ich lerne doch gar kein Griechisch!« »Dafür kann ich aber schon etwas Englisch - how do you do?«
B: »Ok, dann muß ich dir also meine Geschichte erzählen. Aber erst mußt du mir zwei Dinge versprechen: Du darfst mich nie von innen abwaschen, und du mußt meine Geschichte genauso weitererzählen, wie du sie bei mir hörst, denn sie ist eine wahre Geschichte. Einverstanden?«
M: »Einverstanden.«
B: »Also, meine Geschichte ist vor fast eintausendfünfhundert Jahren passiert. Ich arbeitete gerade als Becher in einem Wirtshaus. Dieses Wirtshaus war an einer wichtigen Straße, also gab es immer viele Gäste. Du mußt wissen, daß in dieser Zeit fast alle zu Fuß gegangen sind - nur wenige waren mit Eseln oder Wagen unterwegs. Der Wirt hatte gutes Essen und auch Wein. Den Wein mischte er mit etwas Wasser - aber das merkte keiner, weil der Wein sowieso so sauer war. Den Wein machte er nämlich selber - genauso wie das dünne Fladenbrot. Das war jedoch immer sehr lecker. Die große Straße kam direkt von unserer Hauptstadt, von Jerusalem her. Es waren etwa elf Kilometer. Du kannst dir ja vorstellen, daß man nach elf Kilometer Fußmarsch ganz schönen Hunger hat.«
M: »Aber warum darf ich denn nicht abwaschen? Aus so einem dreckigen Becher zu trinken, da ekelt man sich doch!«
B: »Warte noch Markus, dafür muß ich dir noch einiges erzählen. Also: Es war an einem Sonntag - ich erinnere mich ganz genau - obwohl es schon so viele Jahre her ist, daß sich nicht einmal dein Urgroßvater erinnerte.«
M: »Aber was spielt denn der für eine Rolle?«
B: »Du meine Güte, du weißt wirklich überhaupt nichts. Hat man dir nicht erzählt, wie dein Urgroßvater als Soldat nach Israel gekommen ist?«
P: Markus machte große Augen:
M: »Mein Urgroßvater war in Israel?«
B: »Ja, was glaubst du denn, wie ich hier zu euch auf diesen ungemütlichen Dachboden gekommen bin?«
P: Von dieser Geschichte hatte Markus noch nie etwas gehört.

B: »Er war einer der mutigsten Kreuzritter seiner Zeit. Und hat für seinen mutigen Dienst vom Kaiser mich als eines der wertvollsten Geschenke bekommen, die ein Christ sich vorstellen kann. Den Becher, aus dem der Herr getrunken hat!«

M: »Hör mal, du bist ganz schön eingebildet - und die Kreuzritter haben auch viele schlimme Sachen im Heiligen Land gemacht, das hat uns unser Lehrer erzählt. Erzähl mir doch erst mal deine Geschichte weiter - wenn sie denn überhaupt wahr ist!«

P: Jetzt war der Becher wirklich beleidigt. Beinahe hätte er seine Geschichte nicht weiter erzählt. Doch da er auch ein etwas eingebildeter Becher war, fuhr er mit seiner Geschichte fort.

B: »Natürlich ist meine Geschichte wahr - du kannst sie in der Bibel nachlesen. Lukas hat sie ganz genau aufgeschrieben. Im Kapitel 24.«

M: »Ok, aber jetzt erzähl doch bitte weiter - warum soll ich dich nicht abwaschen?«

B: »Oh, dieser ungeduldige Junge. Aber gut. Es war also am Sonntagabend, dem ersten Tag der Woche. Es war eine ziemlich aufregende Woche gewesen. In Jerusalem hatten die Römer mal wieder drei Menschen grausam zum Tod am Kreuz verurteilt. Das war ja in der Zeit nicht so ungewöhnlich. Aber sie hatten auch einen gekreuzigt, der war total unschuldig.«

M: »Du meinst, der hatte gar nichts gemacht?«

B: »Nein, gar nichts. Die anderen beiden, ja das waren üble Kerle. Sie hatten mit ihrer Bande viele Menschen ausgeraubt und umgebracht. Aber der in der Mitte, der Jesus hieß, der hatte nur gepredigt. Er hat gesagt, daß Gott alle Menschen lieb hat, daß wir nicht Böses sondern Gutes tun sollen.«

M: »Aber warum haben sie ihn dann umgebracht?«

B: »Tja, das wußte eigentlich keiner so genau. Aber die Römer und viele von den oberen Priestern der Juden hatten wohl irgendwie Angst vor ihm. Daß er ihnen etwas wegnehmen würde - daß er ihnen die Menschen wegnehmen würde, die ihm mehr glaubten, als den Priestern und den Römern und ihren Soldaten.«

M: »Das ist aber schrecklich.«

B: »Ja, das war es auch. Es waren viele in unserem Wirtshaus, die haben den ganzen Abend darüber geredet. Aber als es dunkel wurde, da kamen noch drei ganz besondere Männer. Sie setzten sich an den Tisch, an dem ich, der Becher, gerade Dienst tat - zusammen mit anderen Bechern, mit einem Krug Wein und einem großen Brotteller. Es stellte sich heraus, daß zwei der Männer Jünger, also Anhänger von Jesus gewesen waren. Sie waren total fertig - sie redeten nur über dies schreckliche Ereignis. Jesus war am Kreuz gestorben.«

M: »Aber du hast doch von drei Männern gesprochen - wer war den der dritte? Und nun mußt du mir auch endlich erzählen, warum ich dich nicht waschen darf!«

B: »Also hier beginnt der Höhepunkt meiner Geschichte - der Höhepunkt meines Ruhmes. Jetzt werde ich dir nämlich erzählen, was an mir so besonderes ist. Die beiden Jünger hatten den dritten Mann wohl irgendwo auf dem Weg getroffen und hatten ihn eingeladen, mit ihnen in unserem Wirtshaus zu essen. Es wurde schon dunkel und sie haben wohl nicht genau hingeschaut. Aber als sie dann an meinem Tisch saßen, hat dieser dritte Mann das Brot genommen, hat den Segen darüber gesprochen und hat es den Jüngern gegeben. Er hat dann auch den Wein eingeschenkt und ihn gesegnet. Dann haben sie alle davon getrunken.«

M: »Oh, und dieser Becher, aus dem die drei getrunken haben, bist du gewesen?«

B: »Ganz genau. Und die beiden Jünger waren plötzlich ganz ruhig – so überrascht waren sie. Denn sie kannten die Art und Weise, wie dieser Mann den Segen sprach, wie er das Brot austeilte und den Wein. Dieser Mann war nämlich kein anderer als Jesus selber. Verstehst du jetzt, warum ich ein so kostbares Geschenk war? Jesus Christus, unser Herr, hat aus mir getrunken! Und wenn du ganz genau hinschaust, dann kannst du unten noch einen winzig kleinen eingetrockneten Rest von dem Wein erkennen, den er damals aus mir getrunken hat. Stark, was?«

P: Markus mußte über diese Geschichte erst einmal nachdenken. Das hörte sich alles so rätselhaft an. Hatte der Becher nicht eben erzählt, daß Jesus am Kreuz gestorben war? Konnte er denn einfach so wieder lebendig werden?

B: »Ich weiß, was du jetzt denkst, Markus. Es ist wirklich nicht leicht zu verstehen. Und es kommt noch rätselhafter. Denn als die Jünger erkannt haben, daß es kein anderer als Jesus war, der da mit ihnen am Tisch gesessen hatte, und sie mit ihm reden wollten, da war er schon wieder nicht mehr da.«

M: »Und du bist dir ganz sicher, daß die Jünger nicht etwas gesponnen haben, daß sie sich das alles nur ausgedacht haben?«

P: Nun war der Becher aber wirklich empört.

B: »He, Kleiner, glaubst du vielleicht, daß ich spinne? Es war doch ganz deutlich zu sehen: Da lag das Brot auf dem Tisch und ich, der Becher, war noch voll mit Wein!«

M: »Beruhige dich, lieber Becher, ich glaube dir ja!«

B: »Aber etwas ganz Wichtiges muß ich dir jetzt doch noch erzählen. Denn das Brot untereinander zu teilen und zusammen Wein zu trinken, das ist für die Jünger und später für alle Christen ganz wichtig geworden. Sie haben das immer getan, um sich an Jesus zu erinnern und daran, daß er jedesmal in Gedanken mit dabei ist, wenn wir Brot und Wein zusammen essen und trinken.«

M: »Ja, jetzt wird mir deutlich, warum du so ein wichtiger Becher bist.

P: »Das war also die Geschichte von Markus und dem alten, wundersamen Becher. Hast du jetzt etwas von Ostern verstanden, Katja?«

K: »Ein bißchen, glaube ich. Aber kann ich nicht auch mit meinen Freunden Brot essen und Saft trinken, damit Jesus bei uns ist?«

P: »Natürlich! Wir wollen nämlich auch heute, am Ostertag, an diese Geschichte denken - daß Jesus lebendig ist und immer dann auch bei uns ist, wenn wir als Christen zusammenkommen, um Brot und Wein zu teilen. Und das wollen wir jetzt auch genauso tun, wie damals. Wir sprechen ein Gebet genauso wie Jesus damals und brechen uns ein Stück von dem Fladenbrot ab und essen es, und dann trinken wir einen Schluck von dem Saft der Trauben, allerdings ohne Alkohol, damit auch die Kinder alle mitmachen können.
Aber zuerst singen wir ein Lied. Ein Lied, in dem es darum geht, daß wir die Geschichte, die wir eben gehört haben, allen weitersagen sollen. Wir singen jetzt Komm, sag es allen weiter.«

Abendmahlslied: EG 225,1-3 Komm, sag es allen weiter

Agapemahl

Einführungsworte

Wir wollen nun Brot und Traubensaft miteinander teilen.

Gebet

Brot und Saft werden durch die Bänke gereicht.

Orgelmusik

Dankgebet

Zum Vater unser reicht sich die ganze Gemeinde die Hände.

Vater unser

Segenslied: EG 170,1-4 Komm, Herr, segne uns

Segen

Orgelnachspiel

Wo Freude und Leid sich kreuzen

Familiengottesdienst mit Osterfrühstück in der Kirche *Rolf Heinrich*

Theologische Vorbemerkung
In unserer Gemeinde haben wir eine alte Tradition aus Lateinamerika aufgegriffen. Wir schmücken Ostersonntag das Kreuz in der Kirche mit Blumen.

Dadurch soll nicht das Kreuz als Zeichen des Leidens und der Hinrichtung Jesu verharmlost und mit Blumen verdeckt und zugedeckt werden. Dadurch soll auch nicht das Leiden um des Leidens willen verherrlicht und sollen die Schmerzen nicht verdrängt werden. Es soll vielmehr an den grundsätzlichen Zusammenhang von Leben und Tod, Freude und Leid erinnert werden, weil er für die Wahrnehmung von Ostern eine wichtige Rolle spielt: Menschen spüren erst, wie wertvoll das Leben ist, wenn ein Mensch krank wird und erst angesichts des Todes ahnen sie die Einmaligkeit des Lebens. Erst in der Krankheit wissen sie die Gesundheit zu schätzen. Erst in der Fremde verstehen sie, was Heimat heißt. So wie das Frühjahr notwendigerweise den Winter voraussetzt, so wie das Weizenkorn in die Erde fallen und in gewisse Weise sterben muß, bevor neues Leben aufgeht, so setzt das Leben den Tod voraus und gehört der Tod zum Leben mit dem Augenblick der Geburt dazu. So setzt die Erinnerung an das Leiden und Kreuz Jesu Christi immer schon Ostern und seine Auferstehung voraus. Aber Ostern kann auch nicht am Kreuz und nicht am Grab vorbei gefeiert werden. Wir können vom Leiden und Sterben Jesu nur sprechen, weil wir an den Sieg des Lebens glauben.
Jesu Leiden und seine Hinrichtung am Kreuz als politische Gewalttat wirken allerdings nicht befreiend durch Schmerzen und Leiden. Das Kreuz ist kein Symbol des Masochismus, der das Leiden braucht, um sich der Liebe zu vergewissern. Das Kreuz Jesu ist ein Symbol der Realität erbarmungsloser Gewalt und des Protestes gegen das Leiden. Das Kreuz weist nicht nur auf Erlösung durch Leiden, sondern auch von Leiden hin. Gott, der ein Liebhaber des Lebens ist, will nicht das Leiden der Menschen, sondern ihr Glück. Das griechische Wort für Leiden hat die doppelte Bedeutung Leiden und Leidenschaft. Das Leiden Jesu hing mit seiner Leidenschaft im Leben zusammen, damit Hungrige gespeist, Fremde aufgenommen, Nackte gekleidet, Kranke und Gefangene besucht werden (Mt 25,35 f.). Seine Leidenschaft mit und für die Geringsten hat ihn in das Leiden geführt. Wird das Wort Leiden durch Leidenschaft ausgelegt, dann ist das Leiden Jesu nicht nur passiv, sondern aktiv, aus der Leidenschaft der Liebe für die Befreiung und Rettung der Verlorenen geboren.
Blumen am Kreuz sind Zeichen des Aufstandes für das Leben, der Leidenschaft für das Leben, der Lebensfreude und der Liebe, die im Leiden und am Kreuz nach Erlösung schreit. Blumen am Kreuz sind Zeichen der Liebe zum Leben in Gerechtigkeit. Blumen am Kreuz fragen: Wie wächst aus dem toten Marterholz der grüne Baum des Lebens? Wie wächst aus dem Leiden, aus Unrecht und Unmenschlichkeit, wie wächst aus Gewalt ein Baum des Lebens?

Begrüßung
Liebe Kinder, liebe Erwachsene!
Gott segne uns in diesem Gottesdienst mit der Kraft, die aus dürrem Holz immer wieder neues Grün sprießen läßt.
Gottes Segen leuchte uns wie das Licht am Ostermorgen.

Schaut euch um: Ostern ist da - mitten unter uns.
Einer fällt hin und steht wieder auf.
Einer ist alleine und findet neue Freunde.
Einer ist blind und kann doch sehen.
Einer fürchtet sich und verliert seine Angst.
Einer ist krank und kann doch leben.
Einer weint und seine Tränen werden getrocknet.
Schaut euch um: Ostern ist da - mitten unter uns.

Lichtaktion

Christen in aller Welt feiern Ostern. Sie feiern ihre Hoffnung, daß das Leben stärker sein möge als Leiden und Unrecht, stärker als Tränen und Tod. Im Kreuz, dem Galgen, an dem Jesus hing, ist verborgen ein altes Lebenszeichen, das gleichschenklige Kreuz, dessen Balken in alle Himmelsrichtungen weisen.

Christen in Korea, in Schweden und Südafrika, in Brasilien und Israel feiern ihre Hoffnung, daß auch im Dunkeln das Lied des Lebens nicht verstummt.

Gibt es ein inneres Band, das uns mit diesen Menschen und mit allem Lebendigen auf dieser Erde verbindet?

Spüren wir, daß jede und jeder von uns ein Teil des Lebens und des Lebendigen ist?

Spüren wir, daß jedes Leben einmalig ist? Spüren wir, daß Gott das Leben ist, das Leben des Nahen und des Fernen, das Leben des Schmetterlings und des Krokus, das Leben des Baumes und der Libelle und besonders das schützenswerte, das schwache und gefährdete Leben?

Denken wir an alles Lebendige, wenn jetzt vier Kerzen angezündet werden, die in vier Himmelsrichtungen zeigen - so wie die Balken des Kreuzes. Denken wir an das Geheimnis des Lebens und daran, daß jedes Leben Leben ist, das leben will.

Jugendliche/Kinder zünden nacheinander vier Kerzen an, die in Kreuzform in die vier Himmelsrichtungen zeigen.

Wir zünden vier Kerzen an für unsere Schwestern und Brüder, die in unseren Gedanken und Herzen anwesend sind:

Gen Osten zu jenen, die da leben, wo die Sonne aufgeht.
Gen Norden zu jenen, die da leben, wo für uns die Kälte herkommt.
Gen Westen zu jenen, die da leben, wo für uns die Sonne untergeht.
Gen Süden zu jenen, die da leben, wo für uns die Wärme herströmt.

Wir leben auf derselben Erde. Wir teilen denselben Himmel.

Hände reichen

Eine Hand liegt in deiner Hand - spürst du den Halt?
Wir feiern Ostern - das Grün bricht aus den Zweigen.

Wir feiern den Aufstand des Lebens gegen den Tod.
Aber wir wissen, unser Leben ist noch immer vom Tod gezeichnet.
Wir feiern Ostern - den Aufstand der Freude über das Leid.
Aber wir wissen, noch immer ist menschliches Leben von Leid gezeichnet.
Nur ahnend erfassen wir Ostern.
Eine Hand liegt in deiner Hand - du spürst den Halt.
Es ist schön, einem Menschen zu begegnen, der Verständnis für mich hat.
Es ist wohltuend, einen Menschen zu treffen, der zuhören kann.
Es ist befreiend, einen Menschen zu finden, der mit mir geht.
Vielleicht bin auch ich solch ein Mensch für andere.
Eine Hand liegt in deiner Hand und du spürst den Halt.

Lied: Holz auf Jesu Schulter, EG 95,1-5

Ostern ist da - mitten unter uns
Aus braungrauer Erde sprießen die ersten grünen Halme. »Die linden Lüfte sind erwacht, sie säuseln und weben Tag und Nacht. Sie schaffen an allen Enden. O frischer Duft, o neuer Klang! Nun armes Herz, sei nicht bang! Nun muß sich alles, alles wenden.«
Ist das ein Fingerzeig, daß das Leben siegt? Aber: Das Leben ist gefährdet von Anfang an. Es muß behütet und geschützt werden, es ist zart und verletzlich.
Das Leben ist gefährdet von Anfang an: Auch in diesem Augenblick zerstören Menschen Leben, verhungert ein Kind, stirbt ein Mensch im Kugelhagel, trübt Angst die Sinne und übt ein Mensch den Abschied.
Aus den völlig dürren Ästen der blauen Clematis an unserer Häuserwand zeigen sich die ersten grünen Blättchen - woher kommen sie an dem toten Ast? Spüre ich, daß das Leben ein Geheimnis ist? Können dadurch meine Hoffnung und meine Widerstandskraft gegen alles, was das Leben bedroht, gestärkt werden?
Ostern - ein Fest der Lebenszeichen, um Kraft zu schöpfen, all dem zu widerstehen, was das Leben gefährdet, bedroht oder gar vernichtet. Wenn aus etwas Abgestorbenem doch wieder Leben wächst - dann ist Ostern. Wenn aus dem Kreuz, aus dem Leiden, ein Baum des Lebens wächst - dann ist Ostern. Wenn ich Traurige tröste, Einsame in mein Haus führe, Flüchtlinge in der Kirche aufnehme und Hungernde sättige - dann ist Ostern. Dann sprießt aus dem Holz des Kreuzes das Leben.
Manchmal vergessen wir, wie wertvoll das Leben, jedes Leben ist. Ostern kreuzen sich Freude und Leid.
Das Kreuz an der Kirchenwand ist mit Blumen geschmückt. Geht das überhaupt? Das Kreuz ist Zeichen für unschuldiges Leiden, Zeichen einer Hinrichtung. Kann ich das Kreuz mit Blumen schmücken? Die Blumen am Kreuz sind nicht dazu da, um das Leiden, das Menschen über Menschen bringen, zu verharmlosen oder zu verdrängen, sondern um die Lebens- und

Widerstandskräfte gegen das Leiden und im Leiden zu stärken. Zeichen des Lebens sind die Blumen am Kreuz, damit ein Trauriger getröstet, ein Leidender begleitet, ein Gefesselter befreit wird und ein Einsamer Freunde findet.

Das Kreuz an der Kirchenwand ist mit Maschendraht versehen. Der obere Teil des Kreuzes ist bereits mit Blumen geschmückt, der untere ist noch frei.

Hier vorne steht eine Vase mit Blumen. Jeder von Ihnen, der es möchte, kann jetzt eine Blume an das Kreuz winden. Dabei können Sie an das denken, was ihren Lebensmut stärkt, an einen Menschen, der Sie begleitet. Sie können an das denken, was Ihnen Freude macht oder an einen Menschen, der Ihren Beistand braucht.

Musik, während die Blumen angesteckt werden

Lied: Da kannst du Osterspuren finden ..., 1,2; in: Detlev Jöcker/Reinhard Bäcker, Da hat der Himmel die Erde berührt, Menschenkinder Verlag, An der Kleinmannbrücke 91 a, 48157 Münster, Tel.: 0251/329669

Freude und Leid kreuzen sich

Von einem Geheimnis des Lebens erzähle ich euch: Die Ameisen ballen sich im Winter zu Klumpen von ungefähr hunderttausend Tieren zusammen. Sie erstarren in einer Tiefe von etwa einem Meter und überleben - zusammengeballt - bei einer Temperatur um 10 Grad. Wenn die Frühjahrssonne scheint, kriechen aus der Mitte des Leiberklumpens, wo es am wärmsten ist, einige Ameisen vorgewärmt heraus. Sie krabbeln an die Oberfläche der Tannennadel-Pyramide und sehen nach, ob die Sonne scheint. Falls es so ist, nehmen sie ein etwa zweistündiges Sonnenbad und tanken sich dabei mit Wärme auf. Dann flitzen sie hinunter mitten in den Klumpen der steifgefrorenen anderen Ameisen hinein und geben ihnen etwas von ihrer Körperwärme ab. Dadurch werden zwei bis drei weitere Ameisen zum Leben erweckt, die nun auch in den Sonnenschein laufen, sich mit Wärme aufladen und zurückkehren, bis schließlich die ganze Ameisengesellschaft ein krabbelndes und lebendiges Gewimmel ist.

Wärme sammeln und abgeben - so wird Leben wach. So braucht jeder von uns einen Menschen, der teilnimmt, ja Anteil nimmt an dem, was mich frieren läßt, der meine Lebenskräfte erweckt und stärkt. Teilnehmen am Leben - Wärme sammeln und abgeben - auch das heißt Ostern erleben. Teilnehmen können am Leben - nicht ausgeschlossen werden, weil jemand zu alt, zu krank, zu fremd oder zu arm ist. Deshalb wurden früher zu Ostern Schulden erlassen und Gefangene frei gelassen.

Wenn ich spüre, da ist jemand, der nimmt Anteil an dem, was mich beschäftigt, dann tut das gut. Ostern - Anteil nehmen an dem, was den anderen betroffen hat. Das können ganz einfache, aber doch nicht selbstverständliche Erfahrungen sein: wenn jemand mich berührt; wenn jemand mit mir spricht; wenn jemand mich schweigend begleitet; wenn jemand einfach da ist zur

richtigen Zeit und am richtigen Ort und mir vermittelt: Ich denke an dich. Du bist nicht allein. Ich bin froh, daß es dich gibt. Ich wünsche dir Gutes. Wenn ein Mensch so am Leben des anderen teilnimmt, dann wird er für ihn zu einem Licht. Er bringt Wärme und Helligkeit in sein Leben.
Früher gab es Osterkerzen, die die Kinder mit nach Hause nahmen, gut aufbewahrten und im Laufe des Jahres bei Not oder Krankheit wieder anzündeten.
Einige von Ihnen haben Schwimmkerzen am Eingang bekommen. Die wollen wir jetzt an der Taufkerze anzünden und auf dem Wasser im Taufbecken schwimmen lassen.
Indem wir das tun, denken wir an die Wärme des Lebens: Wärme sammeln, Wärme abgeben. So wird Leben wach.
Musik während des Kerzenanzündens

Glaubensbekenntnis
Wir glauben an Gott,
er gab denen, die unter dem Gesetz litten, die Liebe;
er gab denen, die fremd waren im Land, ein Zuhause;
er gab denen, die unter die Räuber fielen, seine Hilfe.
Wir glauben an Jesus Christus, Sohn Gottes,
unseren Bruder und Erlöser,
er gab denen, die Hunger hatten, zu essen;
er gab denen, die im Dunkel lebten, das Licht;
er gab denen, die im Gefängnis saßen, die Freiheit.
Wir glauben an den Heiligen Geist,
er gibt denen, die verzweifelt sind, neuen Mut;
er gibt denen, die in der Lüge leben, die Wahrheit;
er gibt denen, die die Schrecken des Todes erfahren,
die Hoffnung zum Leben.
Ernesto Cardenal, Bekenntnis der Hoffnung, © Peter Hammer Verlag, Wuppertal

Lied: Da kannst du Osterspuren finden ..., 3,4

Gebet
Das Kreuz Jesu durchkreuzt was ist und macht alles neu.
Was keiner wagt, das sollt ihr wagen.
Was keiner sagt, das sagt heraus.
Was keiner denkt, das wagt zu denken.
Was keiner anfängt, das führt aus.
Wenn keiner ja sagt, sollt ihrs sagen.
Wenn keiner nein sagt, sagt doch nein.
Wenn alle zweifeln, wagt zu glauben.
Wenn alle mittun, steht allein.
Wo alle loben, habt Bedenken.

Wo alle spotten, spottet nicht.
Wo alle geizen, wagt zu schenken.
Wo alles dunkel ist, macht Licht.
Das Kreuz Jesu durchkreuzt was ist und macht alles neu.

Vaterunser

Segen

Gott segne uns mit einem Phantasiestrauch
Ein Vergißmeinnicht für die Vergessenen
Eine Schlüsselblume für die Heimatlosen
Einen Feuerdorn für die Mutlosen

Tausendschönchen für die Verliebten
Eine Goldrute für die Wegsucher
Einen Klatschmohn für die Künstler

Ein Immergrün für die Umweltschützer
Ein Zittergras für die Mächtigen
Eine Pusteblume für die Sicheren

Eine Nelke für die Friedfertigen
Einen Glücksklee für die Kinder der Welt
Ein Jelängerjelieber für Dich.

Annemarie Schmitt, in: Geisteskinder. Ein Lesebuch zum Kirchentag im Ruhrgebiet, Dortmund 1991, Seite 51

Lied: Wenn das Brot, das wir teilen, als Rose blüht ... EG 667

Anschließend findet in der Kirche ein Osterfrühstück statt.

Zwei Hände voll Weizen und die Auferstehung

Familiengottesdienst mit Symbol:
ein Säckchen Weizenkörner *Ulrich Haag*

Das Symbol, das die Auferstehung in diesem Gottesdienst greifbar und begreifbar machen will, ist ein Säckchen mit Getreidekörnern. Man erhält sie in entsprechend sortierten Lebensmittelmärkten oder Bioläden. Als Säckchen dient eine möglichst unbedruckte Nesseltasche.
Der folgende Entwurf spart mit Liedvorschlägen. Je nach Gemeindetradition und Zielgruppe empfiehlt es sich, weitere Lieder in die Feier einzubeziehen.

Eingangsgebet

Die Nacht ist vorüber.
Ein neuer Tag beginnt.

Gott -
fast zu schnell kommt mir dieser Wechsel vor.
Gestern noch die Klänge der Passionschoräle, Bilder von Klagenden, Leidenden damals und heute. Gedenken an Jesu Sterben und Tod und an menschliches Sterben bis auf diesen Tag.

Heute der Hauch des Todes verflogen und verweht. Der Duft des Festes kommt mir entgegen, würzig und frisch. Der Tag wird hell. Ein Hauch von Ewigkeit.

Die Nacht ist vorüber.
Ein neuer Tag beginnt.

Noch sind meine Gedanken träge und meine Glieder schwer.
Wir bitten dich, Herr: Mach uns lebendig durch die Gegenwart Jesu. Mach unsere Herzen weit, damit wir diesen Tag leicht und mit fröhlicher Stimmung feiern können.
Amen.

Lesung: Matthäus 28,1-15

Dialog
Ist er wahrhaftig auferstanden?

Sprecher 1: Wie soll er auferstanden sein? fragen die Skeptiker. Wir haben ihn selbst am Kreuz hängen und sterben sehen.

Sprecher 2: Und doch ist er auferstanden, sagen die Christen. Er ist wahrhaftig auferstanden!

Sprecher 1: Aus seiner Seite liefen Wasser und Blut, beharren die Zweifler. Er war tot, er ist tot und bleibt tot!

Sprecher 2: Wir haben ihn gesehen. Er ist uns begegnet. Er hat mit uns gesprochen.

Sprecher 1: Und wie soll er dem Grab entronnen sein? Ein riesiger Felsbrocken lag vor dem Eingang!

Sprecher 2: Geht hin und seht: Die Gruft ist leer! Kein Grab ist mächtig genug ihn zu halten!

Sprecher 1: Fromme Worte sind das, nichts weiter! Am Ende wart ihr selbst es, die den Stein vom Grabe gerollt haben. Und den Leichnam habt ihr gestohlen!

Sprecher 2: Wie wäre das möglich? Römische Soldaten standen Wache vor dem Grab.

Sprecher 1: Wieviel habt ihr ihnen gegeben, damit sie ein Auge zudrücken und sich schlafend stellen?

Sprecher 2: Römische Posten schlafen nicht. Sie würden standrechtlich hingerichtet.

Sprecher 1: Bei ihren Vorgesetzten habt ihr sie in Schutz genommen, daß ihnen nichts geschieht. Niemals ist er auferstanden. Tote kommen nicht wieder! sagen die Zweifler.

Sprecher 2: Er ist lebendig. Er ist uns begegnet. Er lebt! sagen die Christen.

Lesung nach 1. Korinther 15

Die Hohenpriester waren nicht die letzten, die nicht wahrhaben wollten, daß Jesus auferstanden war. Der Evangelist Markus erwähnt, daß sogar die Jünger selbst es nicht glauben mochten, als die beiden Frauen es ihnen erzählten.

Und als Jahre später das Christentum sich auszubreiten begann, stieß die Botschaft von der Auferstehung Jesu immer wieder auf skeptische Rückfragen. Der Apostel Paulus widmet dem Disput um die Auferstehung in seinem Brief an die Korinther ein ganzes, umfangreiches Kapitel. Hören wir daraus die Schlußverse:

Es könnte aber jemand fragen: Wie werden die Toten auferstehen, und mit was für einem Leib werden sie kommen?

Du Narr: Was du säst, wird nicht lebendig, wenn es nicht stirbt.

Und was du säst, hat ja noch lange nicht die Gestalt, die daraus werden soll, sondern ist ein bloßes Weizenkorn - nicht mehr.

Gott aber läßt aus ihm wachsen, wie aus jeder Saat eine Pflanze wächst nach ihrer Art.

Es wird gesät verweslich und wird auferstehen unverweslich.

Es wird gesät in den Staub und wird auferstehen in Glanz und Herrlichkeit.

Es wird gesät armselig und unscheinbar und wird auferstehen in Saft und Kraft.

So auch die Auferstehung der Toten:

Es wird gesät ein vergänglicher Körper - doch wird auferstehen ein geistlicher Leib.

Aus dem Vergänglichen wird sprossen die Unvergänglichkeit.

Das Sterbliche wird anziehen die Unsterblichkeit.

So wird erfüllt werden, was geschrieben steht »Der Tod ist verschlungen vom Sieg. Tod, wo ist dein Stachel? Hölle, wo ist dein Sieg?«

Nach 1. Korinther 15,35-38 in Auswahl

Glaubensbekenntnis nach Martin Luther

Wir glauben all an einen Gott,
Schöpfer Himmels und der Erden,
der sich zum Vater uns gegeben hat,
daß wir seine Kinder werden.
Er will uns allzeit ernähren,

Leib und Seel auch heil bewahren,
allem Unfall will er wehren,
kein Leid soll uns widerfahren.
Er sorgt für uns, behütet, wacht.
Alles steht in seiner Macht.

Wir glauben auch an Jesus Christ,
Gottes Sohn und unsern Herrn,
der ewig bei dem Vater ist,
Er ist Gott gleich an Macht und Ehren.
Von Maria, der Jungfrau
ist er als wahrer Mensch geboren,
durch den heilgen Geist im Glauben,
für uns, die wir einst warn verloren.
Er ist am Kreuz gestorben,
doch blieb nicht in des Todes Banden.
Er ist vom Tode auferstanden.

Wir glauben an den Heiligen Geist,
von Gott, dem Vater ausgesandt,
der aller Schwachen Tröster heißt.
Die Christenheit in allem Land
hält er in einem Sinne
und wehret aller Sünde.
Er ruft uns aus dem Tod zu unsrer Zeit,
nach diesem Dasein ist uns schon bereit
ein Leben in Ewigkeit. Amen.
Nach EG 183

Zwei Handvoll Weizenkörner - Auferstehung greifen

Um den frühen Christen nahezubringen, was es mit der Auferstehung auf sich hat, braucht Paulus das Bild vom Weizenkorn: Schaut her: Ihr legt ein Weizenkorn in den Schoß der Erde und dort stirbt es. Aber es vergeht nicht, sondern es bringt viel Frucht. So verhält es sich auch mit der Auferstehung Jesu. Er ist am Kreuz gestorben. Sein Leichnam wurde tief in die Erde gelegt. Doch ist aus seinem Tod neues Leben erwachsen. Und bringt Frucht hundertfältig, tausendfältig.

Ob den Korinthern diese Argumente genügt haben?

Genau gesehen sind es eigentlich keine Argumente. Es macht ja gerade den Unterschied zwischen Mensch und Pflanze aus, daß er sterben muß und sich selbst nicht säen kann!

Paulus will mit seinem Gleichnis die Korinther einfach wegbringen vom Argumentieren, vom Zweifeln und Hinterfragen. Seht es doch! Fühlt es doch! Jeder Mensch empfindet es im Frühjahr: Es wächst und blüht aus der toten Erde.

Fühlen statt Zweifeln.
Ich habe aus dem letzten Sommer ein kleines Säckchen Weizenkörner gerettet. Was für ein Gefühl, mit meinen Händen tief hineinzugreifen und den Weizen durch meine Finger rieseln zu lassen! Das überzeugt mich jedesmal. »Und bringt Frucht, hundertfältig, tausendfältig«.
Ich habe diese Weizenkörner für Sie mitgebracht. Greifen Sie auch einmal tief hinein und behalten Sie ein Weizenkorn für sich. Vielleicht möchten Sie es zu Hause sogar einpflanzen? Jedenfalls soll es Ihnen und mir heute morgen dazu dienen, die Zweifel einmal liegen zu lassen, das Neuwerden des Lebens draußen in der Natur zu feiern und die Auferstehung Jesu fröhlich anzunehmen.

Lied: Wir wollen alle fröhlich sein, EG 100
Währenddessen geht das Baumwollsäckchen mit den Weizenkörnern durch die Reihen.

Ansprache
Eine Ewigkeit lang Zeit zum Leben

Was nutzt uns der Glaube an die Auferstehung eigentlich?
Ist er ein Rückfall ins Unvernünftige? Oder kann er unser Leben reicher machen?
Immer wieder stellt die Botschaft der Bibel zwei Lebenseinstellungen einander gegenüber, die von zwei Typen verkörpert werden: dem alten und dem neuen Menschen.
Der alte Mensch steht für die nüchterne Einsicht: Über unser Leben regiert der Tod. Wir sind nicht mehr als ein paar Kilogramm Materie. Und werden am Ende wieder zu Materie werden. Der alte Mensch steht für ein Leben, das nicht mehr ist als das bloße Überleben.
Tag für Tag tun wir nichts weiter, als uns in unserer Arbeit mit aller Kraft gegen den Tod zu stemmen. Und doch müssen wir mit ansehen, wie wir unaufhaltsam auf den Tod hinwachsen. Das Leben scheint nicht mehr zu sein, als eine Spirale auf den Tod zu. An allen Ecken und Enden setzt uns der Tod eine schmerzhafte Grenze, und uns scheint nichts anderes mehr übrigzubleiben, als der krampfhafte Versuch, diese Grenzen möglichst weit hinauszuschieben. Wir versuchen, uns jung zu halten mit Fitnessprogrammen, Schlankheitskuren und Kosmetik. Und müssen doch mit ansehen, wie unsere Haut faltig, unsere Schritte müde und unsere Gedanken schwerfällig werden.
Also versuchen wir die Todesgenze auf andere Art zu überspringen. Die römischen Kaiser ließen sich zum Gott erheben. Die Politiker heute verewigen sich gegenseitig in Denkmälern und Gedenkmünzen. Die einfachen Leute träumen davon, berühmt zu werden, um sich wenigstens mit Hilfe des Nachruhmes eine Weile vor dem Vergessenwerden zu retten. Viele versuchen, sich in ihren Nachkommen zu verewigen. Die sollen schaffen, was

sie nicht geschafft haben, wofür ihnen die Zeit oder Gelegenheit fehlte. Die Kinder sollen das Leben der Eltern sozusagen weiterführen über deren Begrenzungen hinaus, über den Tod hinaus.
Für diese Art, auf den Tod hinzuleben steht der alte Mensch.
Dagegen setzt die Bibel den neuen Menschen und die Botschaft von Auferstehung und ewigem Leben. Sie sagt uns: Wir haben Zeit, weil Gott uns Zeit gibt. Wir brauchen uns nicht abzumühen, um möglichst vieles zu erleben, möglichst vieles mitzubekommen, mitzunehmen, was mitzunehmen ist. Wir müssen uns nicht beeilen, bevor der Tod kommt. Gott gibt uns die Zeit, gerade das zu erleben - auch das zu durchleiden, was uns betrifft, was »für uns dran ist«. Gott wird uns von den Toten auferwecken wie Jesus, der der Erste ist, der Erstling der Entschlafenen. Wir dürfen von jeder Phase unseres Lebens das nehmen, was sie für uns bereit hält: Unbekümmertheit in der Jugend, die Ernsthaftigkeit des Erwachsenseins, Bedacht und Einsicht im Alter.
In unserem Leben kann sich eine große Entspannung breitmachen, wenn wir uns auf diese Weise von der Botschaft der Auferstehung herausrufen lassen aus dem alten Menschen, wenn wir unser Leben auf das hin ausrichten, was Gott uns durch die Botschaft von der Auferstehung Jesu sagen will: Ihr habt eine Ewigkeit lang Zeit zu leben. Amen.

Lied: Jesus lebt, mit ihm auch ich, EG 115

Fürbittgebet

Barmherziger Gott -
viele Menschen erleben täglich so etwas wie Auferstehung:
Eltern, die ihre Kinder, Großeltern, die ihre Enkel wachsen sehen;
Frühaufsteher, die den Sonnenaufgang bewundern;
Kreative, die vor Ideen nur so sprühen.
Wir danken dir für die Kraft, mit der du unser Dasein erneuerst.

Vielen Menschen scheint nichts anderes zu bleiben, als hilflos auf den nahenden Tod zu starren:
Unheilbar Kranke in den Kliniken; Infarktgefährdete und die mit Geschwüren im Leib;
Drogenabhängige ohne die Kraft zum Aussteigen.
Manchmal sieht es so aus, als umgäbe der Tod unser Leben wie eine Mauer.

Du, Gott, bist die Tür, durch die wir gehen können.
Du schenkst uns Leben durch alle Tode hindurch.

Gebetsstille
Vaterunser

Segen

Steine, Steine

Familiengottesdienst am Ostersonntag *Christoph Schmidt-Ehmcke*

Der Gottesdienst um 10.00 Uhr beginnt liturgisch und szenisch wie am frühen Ostermorgen: Die Kerzen im Chorraum sind noch nicht entzündet, auf dem blumen- und kerzenlosen Altar steht nur das Kreuz, in dessen Nähe liegt ein Hügel aus größeren Steinen - ein trostloses Bild.

Orgelmeditation: Der Ostermorgen - dunkel noch, dann traurige Morgendämmerung

Ostererzählung: Die Frauen gehen zum Grab
»Maria, bist du fertig?« Salome stand ungeduldig vor dem Haus. Sie schob das Ölfläschchen in ihren Händen hin und her. Maria wußte doch genau, wie eilig alles war. Die andere Maria horchte an der Tür und schüttelte den Kopf. »Maria, bist du endlich fertig?« Im Haus griff Maria Magdalena nach ihrem Kopftuch, warf es über und trat auf die Straße.
Es war sehr früh. Die Sonne war noch nicht aufgegangen. Die drei Frauen huschten schweigend durch die Gassen von Jerusalem. Hier und da bellte ein Hund. Die Menschen schliefen noch. Die Frauen waren froh, niemandem zu begegnen. Auch die Freunde Jesu hatten nicht bemerkt, daß sie sich gestern, nach dem Ende des Sabbats, auf dem Markt Kräuteröle gekauft hatten. War es nicht gefährlich, einen Hingerichteten zu salben? Das hieße doch: Wir stehen zu ihm! Es war allein ihr Plan: der Maria aus Magdala, der Maria, der Mutter des Jakobus, und der Salome.

Lied: EG 97,1+5 Holz auf Jesu Schulter

Ostererzählung: Das leere Grab
Sie gingen schweigend. Es war nicht weit zu dem Garten, in dem das Felsengrab lag. Salome blieb plötzlich stehen: »Und wer wälzt nun den Stein von der Grabtür?« Alle hatten daran gedacht. Bis gestern hatten sie keine Lösung gefunden. Und sie waren heute trotzdem aufgestanden. Manchmal läßt man alles Vernünftige hinter sich: »Komm jetzt!«
Als sie das Grab erreichten, ging gerade die Sonne auf. Sie blinzelten durch ihr Licht hindurch und erschraken: Der schwere Stein vor dem Grab war weggerollt! Sie liefen näher, schauten in das Grab - es war leer! Und auf der Grabbank erschien ihnen eine weiße Gestalt, ihr rasendes Herz irrte zwischen Erschrecken und Erstaunen, es zauberte Bilder von Tod und Leben vor ihre Augen, eine Stimme ließ sich hören: »Erschreckt nicht! Ihr sucht Jesus von Nazareth, er ist nicht hier. Seht, dort hatte man ihn hingelegt - leer. Er ist auferstanden! Sagt dies weiter, sagt es allen Freunden. Sie werden ihn sehen, bald!«

Die Sonne war aufgegangen, ein Schlußstein lag neben der Grabtür. Drei Frauen flohen entsetzt. Gottes Liebe kann man nicht unter Steinen begraben. Selbst der schwerste Stein erstickt sie nicht.

Lied: EG 99 Christ ist erstanden

Gebet

Lied: EG 100,1-4 Wir wollen alle fröhlich sein

Erzählung von Steinen, der Blumenzwiebel und der Osterglocke
»Christ ist erstanden« - zu Ostern hilft uns die Natur, dies zu verstehen: Der Winter hat sich gerade etwas zurückgezogen. Die Erde sieht erschöpft und leblos aus: glanzlose Steine, braune Blätter, nichts atmet mehr. Frost und Kälte, so scheint es, haben alles zerstört.
Doch unter diesen Steinen, unter diesen toten Blättern gibt es Leben. Eine Blumenzwiebel wie diese *(eine Blumenzwiebel unter den Steinen hervorholen)* - sie wird geweckt. Eben noch lasteten die harte Erde, die schweren Steine, das verwitterte Laub auf ihr. Doch es formt sich eine harte Spitze und sie bricht sich - gelockt und gerufen von der Sonne, dem Regen und Wind - einen Weg ins Helle.
Und die Sonne entfaltet langsam ... *(eine kleine Osterglocke durch einen Spalt zwischen den Steinen hervorschieben)* - eine Osterglocke! Und sie meldet sich in diesem grau-braunen Einerlei mit der auffälligsten Farbe - in Gelb! Und wo eine sich zeigt, kommen andere dazu ...
Kinder werden eingeladen, den Altar mit Osterglocken zu schmücken. Draußen im Flur stehen viele Töpfe mit lauter Osterglocken. Wenn das Meer an Osterglocken auf dem Altar ist, bringen weitere Kinder die Altarkerzen und zünden sie an, zuletzt trägt jemand die Bibel herein.

Lied: EG 103,1-5 Gelobt sei Gott im höchsten Thron

Die Osterglocke
P. nimmt eine Osterglocke in die Hand
Sie sieht aus wie eine Glocke, aber sie kann nicht läuten.
Oder doch?
Wir sind jetzt einmal ganz still ... noch stiller ... noch stiller ...
Orgel imitiert leise ein Glöckchen
Jetzt wissen die anderen Osterglocken Bescheid und beginnen auch zu läuten
Orgel imitiert ein Glockengeläut
Die Osterglocke hat sogar ihr eigenes Lied
Orgel intoniert einen Refrain: »Es werde Licht, das die Nacht durchbricht«, aus dem »Ostertanzlied« von Peter Janssens in: Ders. Meine Lieder, Augsburg 1992, Seite 140f.

Die Osterglocke erzählt kleine Ostergeschichten
Draußen am Stadtrand liegt unser größter Friedhof, der Waldfriedhof Lauheide. Man kann sich darin verirren. Wenn ich in einen bestimmten Teil komme, suche ich immer die Bäume ab. Ich suche ein Vogelhäuschen an einem Baumstamm. Zu seinen Füßen liegt ein Grab. Eine alte Frau ist dort begraben worden. Nach ihrer Beerdigung hat ihr Schwiegersohn aus ihrem Leben erzählt, meist ganz heitere Geschichten. Und zum Schluß machte er einen Vorschlag: »Unsere Mutter hat doch Zeit ihres Lebens die Vögel geliebt. Da habe ich mir gedacht: Wir werden an dem Baum neben ihrem Grab ein Vogelhäuschen anbringen. Dann hat sie die Vögel immer ganz in ihrer Nähe!«
Nun hängt das Holzhäuschen da, lange schon. Ob die Mutter die Vögel singen hört? Nicht direkt wahrscheinlich. Ihr Gesang muß einen Umweg machen über Gott. Er singt es ihr vor.

Refrain:
Es werde Licht ...

Zuletzt konnte er nicht mehr. Er mußte seiner Mutter erzählen, was geschehen war zwischen seiner Freundin und ihm. Die Mutter hörte ihn still und aufmerksam an und nickte dann: »Ja, du hast sie tödlich beleidigt.« »Warum sagst du das so: ›tödlich beleidigt‹?«, schleuderte er ihr entgegen, »das hat sie auch so gesagt: ›Du hast mich tödlich beleidigt!‹ Warum muß es denn zwischen uns deshalb gleich aus sein, so vollkommen aus?«
Es war aus. Er sitzt in der »9« zwei Reihen hinter ihr. Irgendwann hatte sie sich einmal neben ihn gesetzt und sich eine Aufgabe erklären lassen. Dann immer wieder. Erst hatte er gar nichts gemerkt, man hilft sich ja schließlich. Aber dann ...
Viel später hatte sie ihm einmal erzählt, daß sie regelmäßig Tagebuch schrieb. »Auch über uns?« »Natürlich, aber das darfst du nicht lesen.« Dann durfte er doch, nur eine Seite, über ihr erstes Treffen am Nachmittag. Und dann war es geschehen: In der großen Pause war er lauthals zu seiner Clique geschlendert: »Eh, Leute, ich bin ihr erster Freund, witzig, nicht? Ha, ha, ha.« Dabei hatte er wie ein Torschütze die anderen abgeklatscht, sich dazu gedreht - da stand sie in der Tür. Sie wurde blaß ...
Sie sitzt in der »9« zwei Reihen vor ihm. Sie schweigt. Es ist, als stünde vor ihm ein riesiger Block. Nichts von ihm, kein Blick, keine Worte dringen mehr zu ihr durch.
Er weiß: Ich wollte doch nur angeben, ich war so glücklich, ich wollte sie doch nicht verraten! Manchmal, wenn er allein auf seinem Bett sitzt, wünscht er sich einen Zauberer, der das Dunkle mit einer Handbewegung verschwinden läßt. Manchmal wünscht er sich eine Stimme, die anders spricht, in einer anderen Höhe vielleicht, daß sie auf sie hört. »Tödlich beleidigt« - das durfte doch nicht das letzte Wort sein. Das mit dem Tod sollte

nicht stimmen. Niemals. Versöhnen ist doch so viel schöner, lebendiger, zukünftiger.

Refrain:
Es werde Licht ...

Gebet

Lied: EG 111,1,7,11 Frühmorgens, da die Sonn aufgeht

Vater unser

Segen

Lied: EG 560,1,3,4 (Westfälischer Teil) O herrlicher Tag, o fröhliche Zeit

---

Ostereier für Schuldenerlaß

Gottesdienst mit Abendmahl
zu einem alten Osterbrauch

Kerstin Sommer, Dieter Heidtmann

Vorbemerkung

Dieser Entwurf wurde vom Evangelischen Missionswerk in Südwestdeutschland e.V. zum Gründonnerstag des Erlaßjahrs 2000 vorgelegt. Inhaltlich und formell ist er leicht zu modifizieren, so daß er auch an den Ostertagen verwendet werden kann. Auf jeden Fall bietet er eine Gelegenheit, über den Brauch des Ostereis neu nachzudenken.

Kurzinformation zum kulturgeschichtlichen Hintergrund

Ab dem 12. jahrhundert waren Eier Teil der Zinsleistungen, die die Bauern in Deutschland an ihre Grundherren leisten mußten. Zinstermin für die Schuldner war der Gründonnerstag. Durch die Fastenzeit hatten die Bauern einen Überschuß an Eiern, da deren Genuß während der Fastenzeit verboten war. Wenn die Bauern alle ihre Abgaben bezahlen konnten, überreichten sie ihrem Grundherrn feierlich ein rot gefärbtes Ei als Zeichen ihrer Schuldenfreiheit. Die ersten gefärbten Eier werden im 13. Jahrhundert erwähnt, wobei die rote Farbe wahrscheinlich auf Christi Blut verweist. Damit kam es schon zu einer Vermischung zwischen der Zinsabgabe und der christlichen Symbolik. Als die Grundherrschaft abgeschafft wurde, schenkten die Bauern den Kindern die gefärbten Eier, die bisher den Gläubigern vorbehalten waren. Daraus entstand der Brauch, Ostereier zu verschenken.

Eingangslied. EG 168,1-3 Du hast uns, Herr, gerufen

Gruß
Im Namen Gottes, des Vaters und des Sohnes und des Heiligen Geistes. Amen.

Tageslosung
Es wird geschehen zu der Zeit, daß das Reis aus der Wurzel Isais dasteht als Zeichen für die Völker. Nach ihm werden die Heiden fragen. (Jes 11,10).

Liebe Gemeinde!
»Das Abendmahl ist ein göttliches Wortzeichen«, schreibt Johannes Brenz. Dieses »Zeichen« der Gemeinschaft mit Jesus Christus wollen wir heute gemeinsam feiern und zugleich Zeichen setzen für eine neue, gerechtere Gemeinschaft mit den Menschen in den ärmsten Ländern der Erde.

Psalm 146 (EG 757)
Ehr sei dem Vater ...

Gebet
Unser Gott! Wir sind hier zusammen gekommen, um Deine Gemeinschaft zu erfahren. Wir kommen zu Dir, weil wir wissen, daß wir auf Dich und Deine Unterstützung vertrauen können. Wir kommen zu Dir, weil Du für Recht und Gerechtigkeit eintrittst, wo unsere Welt ungerecht geworden ist, denn Du vergißt die Menschen nicht, die hungern und dürsten nach Gerechtigkeit. Du machst uns frei von dem, was uns bedrückt oder mutlos macht. Deine Nähe, Gott, ist wichtig für uns, denn Du kennst unsere Hoffnungen und Wünsche ...

Stilles Gebet
Wir beten weiter miteinander und füreinander in der Stille

Bittet, so wird Euch gegeben. Suchet, so werdet Ihr finden, klopfet an, so wird Euch aufgetan. Amen.

Glaubensbekenntnis aus Santiago de Chile

Wir glauben an Gott,
den Schöpfer einer noch nicht vollendeten Welt.
Er hat einen ewigen Plan
für ihre weitere Entwicklung
und lädt uns alle ein,
an seiner Ausführung teilzunehmen.

Wir glauben an Gott,
der die Menschen nicht in Arme und Reiche,

Spezialisten und Unwissende,
Herren und Sklaven
geteilt hat.

Wir glauben, daß Christus,
der Sohn Gottes,
Mensch geworden ist,
uns unendlich liebt
und sich für uns geopfert hat
bis zum Tod.

Wir glauben an die Kirche,
die als Verkünderin des Evangeliums
im Dienste der Menschen steht,
damit alle die Güte Gottes erfahren
können.

Wir glauben,
daß es möglich ist,
den gerechten Frieden aufzubauen.

Wir glauben an die Möglichkeit
eines sinnerfüllten Lebens
für alle Menschen
und an eine Zukunft
für diese Welt Gottes.
Amen.

Schriftlesung: 3. Mose (Lev) 25,8–13

Lied: EG 428,1-3 Komm in unsre stolze Welt

Predigtmeditation
zu 1. Brief an die Gemeinde in Korinth 10,16–17: Die Armen beim Abendmahl in Korinth und die Armen in der Schuldenfalle
»Ist der Kelch des Segens, über den wir den Segen sprechen, nicht Teilhabe am Blut Christi? Ein Brot ist es, darum sind wir viele ein Leib; denn wir alle haben teil an dem einen Brot.« (1. Kor 10,16–17)
Der Apostel Paulus schreibt diese Worte an die christliche Gemeinde in Korinth. Sie sind Teil seiner Mahnung, den Gottesdienst richtig zu feiern. Aus dem Korintherbrief wissen wir, daß Paulus zu dieser Mahnung offensichtlich allen Grund hatte. Korinth war zur Zeit des Paulus eine blühende Hafenstadt, Hauptumschlagplatz für den Warenverkehr zwischen Ost und West. Wie alle Hafenstädte war Korinth damit ein Sammelpunkt für eine bunte Bevölkerungsmischung: Menschen aus vielen verschiedenen Städten und Ländern, Griechen, Römer, Asiaten, Afrikaner, Handwerker, See-

fahrer, Händler, Bauern, Reiche und Arme, Freie und Sklaven, ... – ein Abbild der damaligen Welt.
Diese kulturelle und soziale Vielfalt prägte auch die christliche Gemeinde, die Paulus hier gegründet hatte. Sie bestand aus Juden und Heidenchristen (1. Kor 1,14 ff; 16,5; Acta 18,1–8) und in der Mehrzahl wohl eher aus armen Leuten (1. Kor 1,26). Daneben gab es allerdings auch Gemeindeglieder, die über einen gewissen Reichtum verfügten und in deren Häusern sich die Gemeinde versammeln konnte (1. Kor 11; Rm 16,23). Die vielfältige Prägung der Gemeinde führte immer wieder zu Konflikten.
So warnt Paulus in seinem Brief (1. Kor 11,17–34) eindrücklich vor einer falschen Feier des Abendmahls. »Was Ihr bei Euren Zusammenkünften tut, ist keine Feier des Abendmahls mehr; denn jeder verzehrt sogleich seine eigenen Speisen, und dann hungert der eine, während der andere schon betrunken ist.« (1. Kor 11,20 f.). Die Kritik des Paulus richtet sich gegen die faktische Zerstörung der Gemeinschaft bei der mit dem Abendmahl verbundenen Sättigungsmahlzeit. Offensichtlich hielt es ein Teil der reicheren Mitglieder der Gemeinde so, daß sie ihre mitgebrachten Mahlzeiten schnell verzehrten, bevor auch die Ärmeren zum Gottesdienst eintrafen: Die Sklavinnen und Sklaven zum Beispiel, die warten mußten, bis ihre Herrschaft sie gehen ließ. Für sie blieb vom gemeinsamen Mahl nichts übrig! Das Urteil des Paulus über dieses eigennützige Verhalten ist eindeutig: »Wollt Ihr jene demütigen, die nichts haben?« schreibt er und warnt, »wer unwürdig von dem Brot ißt und aus dem Kelch des Herrn trinkt, macht sich schuldig am Leib und am Blut des Herrn. Jeder soll sich selbst prüfen; erst dann soll er von dem Brot essen und aus dem Kelch trinken.« (1. Kor 11,27–28).
Der Kelch und das Brot des Abendmahls nehmen uns hinein in die Gemeinschaft Jesu Christi. Aber wir können den Segen und die Gemeinschaft des Abendmahls verlieren, wenn unser Gemeinschaftsleben der Heilsbedeutung des von Jesus Christus eingesetzten Sakraments nicht mehr entspricht. Dies gilt nicht nur für unser Verhalten gegenüber Gott, sondern auch gegenüber unseren Mitmenschen. Es gilt nicht nur für den Gottesdienst, sondern auch für die Fortsetzung des Gottesdienstes im Alltag der Welt.
An Gründonnerstag feiern wir Abendmahl zur Erinnerung an das letzte Mahl Jesu mit seinen Jüngern. Der Zusammenhang der Abendmahlsworte des Paulus im Korintherbrief verpflichtet uns dazu, uns dabei selbst zu prüfen und über unser eigenes Gemeindeleben Rechenschaft abzulegen. Entspricht unser Glauben und Handeln noch den Anforderungen des Abendmahls? Wo trifft die Abendmahlskritik des Paulus am Egoismus und der mangelnden Solidarität der Reichen mit den Armen auch uns, so daß wir Gefahr laufen, Segen und Gemeinschaft des Abendmahls zu verlieren?
An Gründonnerstag Rechenschaft abzulegen, hat in Deutschland Tradition. Früher endete an diesem Tag das Zinsjahr, das Schuldenjahr. An

Gründonnerstag wurden zwischen den Bauern und ihrem Grundherrn abgerechnet. Wenn die Bauern ein gutes Jahr gehabt hatten und alle ihre Abgaben bezahlen konnten, dann überreichten sie an Gründonnerstag ihrem Grundherrn feierlich ein rot gefärbtes Ei als Zeichen, daß sie alle ihre Schulden bezahlt haben. (Manche Historiker vermuten, daß mit der roten Farbe der Ostereier eine symbolische Verbindung zum Blut Christi und seiner Schuldenvergebung hergestellt wurde). Als das System der Grundherrschaft abgeschafft wurde, konnten die Bauern die Eier, die sie bisher ihrem Grundherrn abzuliefern hatte, für sich selbst behalten. Und sie machten damit das beste, was man machen kann: Sie schenkten die gefärbten Eier, die bisher den Gläubigern vorbehalten waren, ihren Kindern. So entstand aus dem Zins-Ei unser Brauch, Ostereier zu verschenken. Später, als die Menschen nicht mehr wußten, woher diese Tradition kam, wanderte der Brauch, Ostereier zu verschenken, auf den Ostersonntag. Übrig geblieben ist die Tradition, mit anderen die Freude und einen Teil des Ergebnisses seiner Arbeit zu teilen, um auch andere am Segen teilhaben zu lassen, der einem selbst zuteil geworden ist.

Heute sind es nicht mehr die Sklaven in Korinth, die beim Abendmahl zu kurz kommen und auch nicht mehr die von ihren Grundherrn abhängigen Bauern in Deutschland, die an Gründonnerstag ihre Schulden bezahlen müssen. Im Zeitalter der Globalisierung sind an ihre Stelle die Kinderarbeiter in Bangladesh oder die Bauern aus Ecuador, Ghana oder Peru getreten. Und wir alle gehören zu den Gläubigern, die von ihrer Arbeit kassieren, an Gründonnerstag wie an jedem anderen Tag des Jahres. Denn im internationalne Finanzverkehr gibt es keine Feiertage.

Ausgerechnet die Menschen in den ärmsten Ländern der Erde müssen nach wie vor einen großen Teil ihrer Einnahmen dafür verwenden, ihre Schulden bei den reichen Ländern wie der Bundesrepublik Deutschland zu bezahlen. Viele der Entwicklungsländer sind nach wie vor so hoch verschuldet, daß sie ihre Schulden niemals abbezahlen können. Daran hat auch der teilweise Schuldenerlaß, der beim Weltwirtschaftsgipfel im Juni 1999 beschlossen wurde, noch nichts Grundlegendes geändert.

In Deutschland sorgen das Konkurs- oder Insolvenzrecht dafür, daß die Grundbedürfnisse der Menschen im Fall einer Überschuldung geschützt bleiben. Im internationalen Bereich gibt es solch einen Schutz nicht. Deshalb zahlen die ärmsten Länder der Erde auch dann noch für ihre Auslandsschulden, wenn dies längst zu Lasten ihrer Bevölkerung geht.

Was das für die Menschen in den betroffenden Ländern bedeutet, darüber berichtet Dr. Adabayo Adedeji vom Afrikanischen Zentrum für Entwicklungsstrategien: »Eine Frau brachte ihre zwei Kinder zu einem Arzt in Sambia. Eines war drei Jahre alt, das andere dreizehn. Beide waren krank. Der Arzt verschrieb die Behandlung. Sie dankte ihm und ging. Als er sie einige Zeit später wieder traf, fragte er, wie es ihren Kindern ginge. Sie erzählte ihm, daß das jüngere Kind gestorben sei. Sie hatte nicht genug Geld

für die Behandlung von beiden Kindern, so entschied sie sich unter großen Schmerzen für die Behandlung des älteren. Diesem ging es bald besser, aber die Mutter mußte mit ansehen, wie das jüngere Kind starb.« (Jubilee 2000: The Debt Cutter's Handbook. London 1996. Seite 11.)
Der Schuldenstand vieler armer Länder in der Welt ist so hoch, daß er jede wirtschaftliche Entwicklung dieser Länder verhindert. Es besteht keine Aussicht, daß sich diese Länder aus eigener Kraft aus der »Schuldenfalle« befreien können, weil jeder wirtschaftliche Erfolg sofort von den Gläubigern abgeschöpft wird. Das ganze System ist ein Teufelskreis, das die armen Länder in fortgesetzter Abhängigkeit hält.
Die Erlaßjahr 2000-Kampagne ist ein Zusammenschluß von rund 2000 Gruppen und Gemeinden, die sich nach dem Vorbild des biblischen Jubeljahres für einen weitreichenden Schuldenerlaß zugunsten der armen Länder der Erde einsetzen. Ziel der Kampagne ist eine umfassende Entschuldung der armen Länder der Erde im Jahr 2000 und die Schaffung internationaler Strukturen, die eine erneute Überschuldung dieser Ländern verhindern (internationales Insolvenzrecht).
Die Vereinigten Nationen haben ausgerechnet, daß solch ein Schuldenerlaß für die ärmsten Länder der Erde innerhalb von drei Jahren 21 Millionen Kindern in den ärmsten Ländern der Erde das Leben retten und weiteren 90 Millionen Kindern eine Grundschulbildung ermöglichen könnte. Deshalb wird die Erlaßjahr 2000-Kampagne in der Woche vor Ostern dem japanischen Botschafter in Berlin feierlich ein riesiges rotes Osterei überreichen. Stellvertretend für die Kinder in den ärmsten Ländern der Erde, die bisher vergeblich auf eine Entschuldung warten. Japan ist Gastgeber des Weltwirtschaftsgipfels im Juli 2000 in Okinawa und gilt derzeit als größter Bremser eines weitergehenden Schuldenerlasses.
Im Abendmahl haben wir teil am Segen Jesu Christi und an der Gemeinschaft in seinem Leib. Dazu gehört nach dem Abendmahlverständnis des Paulus untrennbar die Gemeinschaft mit den Armen und Schwachen. Ein Schuldenerlaß für die armen Länder der Erde könnte dazu beitragen, daß alle satt werden und nicht die einen hungern, während die anderen schon am feiern sind. Das Osterei, das nicht mehr an die Gläubiger, sondern an die Kinder gegeben wird, ist ein schönes Zeichen für diese Gemeinschaft.

Lied: EG 221 Das sollt Ihr, Jesu Jünger, nie vergessen

Einladung zum Abendmahl
Wir feiern nun miteinander das Heilige Abendmahl. Dazu laden wir im Namen Jesu Christi herzlich ein. Wenn Sie nicht am Mahl teilnehmen möchten, bitten wir Sie, sich mit Singen und Beten an der Feier zu beteiligen. Christus spricht: Siehe, ich stehe vor der Tür und klopfe an. Wenn jemand meine Stimme hört und mir die Tür auftut, werde ich zu ihm hineingehen und das Mahl mit ihm halten, und er mit mir.

Beichte
Wir wollen gemeinsam bekennen, daß wir gegenüber Gott und unseren Mitmenschen schuldig geworden sind:
Unser Gott, im Licht deiner Wahrheit erkennen wir, daß wir gesündigt haben in Gedanken, Worten und Werken. Du, Christus, willst, daß wir in geschwisterlicher Liebe aufeinander achten und füreinander Verantwortung tragen, doch wir achten einander nicht so, wie du uns achtest, wir denken oft nur an uns und nicht an andere. Wir sehen nicht, was für die anderen wichtig ist und stehen ihnen nicht bei.
So bitten wir um deine Vergebung und um die Erneuerung unserer Herzen und Sinne durch deinen Geist. Daß Christus in uns geboren wird und uns neue Hoffnung trägt, darum bitten wir.
Ist dies Euer Bekenntnis und Eure bitte, so antwortet: Ja.

Gemeinde: Ja

Euch geschehe, wie Ihr glaubt. Unser Vater im Himmel hat sich über Euch erbarmt und durch seinen Sohn Jesus Christus vergibt er Euch alle Eure Sünden.

Einsetzungsworte

Abendmahlsbitte: EG 190,2 Christe, Du Lamm Gottes.

Abendmahl

Danklied
Lukukudl'esi kudlayo – Die Speise, Gott, die du uns gibst

2. Size kukhuleka Baba, Nkulunkulu wethu. –
Sizethula kuwe Nkosi, lonk' uqobo lwethu

3. Sizobonga kuwe Nkosi, konk'osipha kona, –
Lomhlabis'udlula konke Ongagongwa ngako.

4. Sizocela futhi kuwe Esikudingayo, –
Wena Nkosi uyazazi lzicelo zethu.

5. Sidumis ' ubuNgqongqoshe Nobukhulu bakho, –
Asiyazi eny'iNkosi Engaphezu kwakho.

1 = zulu, 2 = deutsch.
Lied aus Südafrika, Zulu-Sprache. 2. Text: Dieter Trautwein/Cathy Buchholz,

Fürbittengebet

Wir bitten dich, Gott, für die Menschen in den armen Ländern der Erde, die unter der Ungerechtigkeit in dieser Welt zu leiden haben, die nicht genug zu essen haben und keine medizinische Versorgung, während ihre Länder gleichzeitig riesige Summen für ihre Auslandsschulden bezahlen müssen.

Wir bitten dich für die Kinder, die in dieser Situation leben müssen. Wir bitten dich um einen Neuanfang für sie ohne erdrückende Schuldenlast, damit sie die Chance zu einer besseren Zukunft erhalten.

Wir bitten dich für die verantwortlichen Politikerinnen und Politiker in den armen und in den reichen Ländern, für die Fachleute in den Banken und internationalen Wirtschaftsorganisationen, daß sie Wege finden zu einer Erleichterung der Schuldenlast, die den Menschen in den Schuldnerländern ein Leben ohne erdrückende Armut eröffnen.

Wir bitten dich für uns, daß wir die Gemeinschaft mit den Menschen in der Welt neu erfahren. Öffne unseren Blick, daß wir über die eigenen Interessen hinaus sehen lernen und lernen, die Bedürfnisse der Menschen zum Maßstab unseres Handelns zu machen.

Gemeinsam mit den Christinnen und Christen in aller Welt bitten wir dich um die Vergebung unserer Schuld, wie auch wir unseren Schuldnern vergeben:

Vaterunser

Lied: EG 432,1-3 Gott gab uns Atem, damit wir leben
oder EG 216 Du hast uns Leib und Seel gespeist

Abkündigungen

Segen

Spielideen zur inhaltlichen Vertiefung

Das Ei im Schuldenberg
Ein einfaches Spiel für beliebig viele Teilnehmende. Die Mitspielenden versammeln sich um eine kleinen Berg aus Sand oder Salz. In die Mitte des Berges kommt ein Osterei. Der Reihe nach darf jeder Spieler einen Teelöffel Sand oder Salz wegnehmen, wenn er einen Vorschlag macht, wie die Schuldenlast der ärmsten Länder verringert werden kann und was er bzw. sie selbst dazu beitragen möchte. Gewinner ist der Spieler, der den Schuldenberg soweit abträgt, daß das Ei mit dem Löffel abgehoben werden kann. Dieser darf das Osterei aufessen.

Schokoladeneier-Spiel
Spielidee: Mit Hilfe von Ostereiern veranschaulichen, wie ungleich Weltbevölkerung und Weltbruttosozialprodukt (oder einfacher: der Reichtum der Welt) verteilt sind. Da die Spielleitung sehr viel Einfluß nehmen kann, ist das Spiel auch schon für Grundschulkinder geeignet. Je nach Gruppengröße dauert das Spiel bis zu einer halben Stunde. Notwendig sind dafür (Schokoladen-)Eier in der Anzahl der Mitspielenden, Pappschilder mit den Namen der Kontinente Europa, Amerika, Asien und Afrika zur Markierung der Zimmerecken sowie vier Schalen zum Verteilen der Eier.

Spielverlauf:

1. Die Gruppe verteilt sich so auf die vier Kontinente, wie sich ihres Erachtens die Weltbevölkerung verteilt. Bei dieser Einteilung sollte vorher erwähnt werden, daß Nord- und Südamerika zusammengefaßt sind und daß Australien zu Asien gerechnet wurde. Nach der Einteilung ist es in der Regel nötig, daß die Spielleitung entsprechend der Angaben in der Tabelle eine Korrektur vornimmt.

2. Die Gruppe verteilt die Schokoladeneier entsprechend des Weltbruttosozialprodukts. Dazu werden zunächst so viele Schokoladeneier, wie es Spielende gibt, abgezählt. Die Spielenden bestimmen selbst, wie viele Schokoldeneier sie den Europäern, den Amerikanern usw. zukommen lassen.

3. Die Spielleitung korrigiert die Verteilung entsprechend der tatsächlichen Verteilung des Weltbruttosozialprodukts.

4. Auswertung: Die Verteilung der Schokoladeneier ist natürlich höchst ungerecht. Man kann sich zunächst in der Gruppe darüber unterhalten, was eine solche Verteilung für Folgen hat (z. B.: Abwanderung der Fachkräfte aus den afrikanischen Ländern). Daraus ergibt sich die Frage, ob man etwas tun kann, um eine bessere Verteilung zu erreichen. Zum Schluß kann die Gruppe ihren Anteil am Weltbruttosozialprodukt verspeisen.

Hilfe für die Spielleitung:

	Europa	Amerika	Asien	Afrika
% Anteil Weltbevölkerung	17 %	14 %	59 %	10 %
Gruppengröße: 12; 16; 20; 24; 28 Personen	2; 3; 3; 4; 5;	2; 2; 3; 3; 4;	7; 9; 12; 14;	1; 2; 3; 3;
% Anteil Weltbruttosozialprodukt	46 %	32 %	19 %	3 %
Verteilung der 12; 16; 20; 28 Schokoladeneier	6 7; 9; 11; 12;	4; 5; 6; 7; 9;	2; 3; 4; 5; 6;	0; 1; 1; 1; 1;

Literaturhinweise zu den Osterbräuchen

H. Moser: Osterei und Ostergebäck, in: Bayerisches Jahrbuch für Volkskunde 1957, Seite 67 ff.
Stichwörter Ostern, Osterei und Osterhase in Lexirom, Meyers Lexikonverlag.
Lexikon für Theologie und Kirche. Band 7, 1998, Sp. 1181 f.
Lexikon des Mittelalters. Band 6, 1993, Sp. 1519
K. H. Bieritz, Das Kirchenjahr, 1987, Seite 95 f.
H. Kirchhoff, Christliches Brauchtum, 1984, Seite 141 f.
H. J. Friederichs, Illustrierte deutsche Geschichte, Seite 57.

Predigten

Das Lied vom Heil Gottes

Predigt zur Friedhofsandacht am Ostermorgen
Text: 1. Samuel 2,1-2,4-8 a *Klaus Zillessen*

Was hat dieses Lied, das mehr als 1000 Jahre vor der Auferweckung Jesu zum ersten mal gesungen wurde, mit Ostern, mit der Auferstehung Jesu Christi zu tun?
Zunächst etwas scheinbar Äußerliches und Zufälliges (oder ist es doch mehr als zufällig?): Eine Frau hat sich auf den Weg gemacht - so wie am frühen Ostermorgen sich drei Frauen auf den Weg machten - während die Männer (Petrus und Konsorten) schlafen oder ängstlich und hoffnungslos hinter verschlossenen Türen sitzen. Hanna singt ihr Lied vom Heil Gottes, ein Lied von den großen lebenschenkenden Rettungstaten Gottes - ähnlich wie Maria ihr »Magnifikat« sang am Beginn des Weihnachtsgeschehens. Und ähnlich der Osterbotschaft der Frauen an die Jünger: Der Herr lebt!
Was hat Hannas Lobgesang noch mit Ostern zu tun? In der Mitte des Liedes steht die große Ostererfahrung:
»Der Herr tötet und macht lebendig.
Er führt hinab in den Tod - und wieder heraus.«
Hanna ahnt, daß mit dem Sieg Gottes über den Tod auch unser Tod überwunden ist. Weswegen wir diese frühe Osterandacht keckerweise auf dem Friedhof, im Angesicht von Gräbern, feiern.
Hannas Lied weitet den österlichen Horizont noch mehr: Nicht nur mit der Überwindung unseres Todes hat Ostern zu tun, sondern Gottes österliche Rettungstat hat Auswirkungen auf ungeahnte viele andere Bereiche unseres Lebens und unserer vom Tod gezeichneten Welt.
Zum Beispiel auf politischem Gebiet:
»Der Bogen der Starken wird zerbrechen.«
Die Todesmaschinerie der Militärs und Potentaten wird scheitern. Wenn das so ist, gibt's Friedenshoffnung für Jugoslawien, Tschechien, Osttimor ...
Gottes österliches lebenschenkendes Heilshandeln gilt auch für den Bereich der Ökonomie:
»Die an Hunger leiden, sollen nicht mehr verhungern sondern leben.«
»Brot für die Welt - auch das kann eine Ausstrahlung von Ostern sein.
Aber auch im Zusammenhang von Kreativität sind österliche Erfahrungen möglich:
»Die Unfruchtbaren werden siebenfach fruchtbar.«
Unfruchtbarkeit aller Art (biologische, geistige, geistliche Unfruchtbarkeit) ist auch eine Todverfallenheit, die Gott mit der Kraft seiner Neuschöpfung überwinden will.
Und schließlich wirkt sich die Kraft von Ostern - so behauptet dies Lied - auch auf die Bereiche des Gesellschaftlichen und Sozialen aus:

»Die Armen macht der Herr reich,
die Niedrigen erhöht er,
die Bedürftigen richtet er auf aus dem Dreck.«
Viele österliche Hoffnungen im Ausstrahlungsbereich Gottes, der den Tod überwindet und Leben schenkt!
Darum also dies österliche Lied der Hanna »Mein Herz ist fröhlich ...«, ein Gedicht in wunderschön gesetzten Versen, Poesie.
Vieles von dem, was bei uns persönlich und auf unserer Erde geschieht an Bedrückendem und Besorgniserregendem, Katastrophalem - davon kann man eigentlich nur in nüchterner trauriger Zeitungsprosa schreiben - aber die großen lebenschaffenden, todüberwindenden Heilstaten unseres Gottes wollen in poesievollen Liedern besungen werden:
»Niemand ist wie unser Gott:
Der Herr tötet - und macht lebendig,
er führt hinab zu den Toten - und wieder hinauf.
Darum ist mein Herz fröhlich in dem Herrn
und mein Haupt erhoben um meines Gottes willen.
Es gibt keinen Fels wie unsern Gott.
Darum freue ich mich seines Heils.«

Jubel, wo der Morgen aufgeht?

Text: Psalm 65 *Roselies Taube*

Der frühe Morgen ist wie kaum eine andere Tageszeit geeignet, das Osterfest zu begrüßen. Er erinnert an die Frauen, die um diese Stunde zum Grab Jesu gingen, um ihm noch einmal mit ihrer Salbung nahe zu sein. Aber der frühe Morgen verspricht noch mehr: Hoffnung und Neubeginn. Ein Wort aus dem 65. Psalm scheint wie hineingesprochen zu sein in diese Stimmung:
»Du, Gott, schaffst Jubel, wo der Morgen aufgeht.«
Ja, aber stimmt das denn? Können wir freiweg gleich von Jubel sprechen? Unterscheidet sich dieser Morgen für uns derart grundlegend von anderen Morgenden? Und: Können wir heute so ohne weiteres die frühen Stunden beiseite schieben, für die dieses Wort nicht zutraf?
Der Morgen ist ja nicht nur die Zeit, in der wir noch voller Tatendrang sind, voller Energie für den kommenden Tag. Er kann auch die schlimmste Zeit des Tages sein, die Zeit, die manche Menschen am meisten fürchten. Wie oft verwünschen sie, daß schon wieder ein Morgen dämmert nach einer viel

zu kurzen Nacht. Müde fühlen sie sich, müde und überfordert. Doch zwingen die Pflichten in den Morgen, in den Tag hinein. Wer fragt schon danach, was sie selbst empfinden, nach ihren Bedürfnissen, ihren Kraftreserven. Mehr noch. Die frühen Morgenstunden sind es, die die Ängste vor dem heraufziehenden Tag ins Unermeßliche wachsen lassen können. In irgendeinem Winkel unserer Seele ahnen wir, daß es derart schlimm nun doch nicht kommen muß. Aber irgendeine Kraft ist stärker als wir. Wehrlos sind wir der Angst und Sorge um den neuen Tag ausgeliefert. Wir wehren uns vor dem völligen Aufwachen. Wir versuchen den Dämmerzustand vor dem völligen Erwachen zu verewigen. Denn dann, beim völligen Erwachen, können wir der unbarmherzigen Bedrängnis nicht mehr ausweichen.
Es ist dabei gleichgültig, was uns niederdrückt, ob es Aufgaben des Tages sind oder die Begegnung mit manchen Menschen oder auch die Befürchtung vor der gleichbleibenden Monotonie der Stunden, die sich in nichts von den Stunden der letzten Wochen unterscheiden. Wie mag da erst jenen zumute sein, die mit einem tiefsitzenden Leiden zu leben haben, mit ihrer Trauer, den Schwermütigen und gänzlich Verzagten?
Schließt so ein Wort vom Jubel am Morgen nicht viele, allzu viele aus? Nein, leicht haben wir es mit diesem Bibelwort nicht, auch am Ostermorgen nicht.
Ich frage mich, wie es den Frauen gegangen ist, die sich frühmorgens zum Grab Jesu aufmachten. Wie mögen sie die Morgenstunden erlebt haben? Ich kann mir vorstellen, daß sie eine Zeitlang gegen das Erwachen ankämpften, dort, wo sie fern von zu Hause in der Nacht untergekrochen waren, bei Bekannten vielleicht oder irgendwo unter freiem Himmel, draußen vor den Toren Jerusalems. Sie, die sich doch einst voller Hoffnung auf den Weg gemacht hatten heraus aus ihren heimatlichen Dörfern, um Jesus zu folgen. Wie mochten die Verwandten, die Nachbarinnen und Nachbarn geredet haben, als sie dieses unsichere Leben auf sich nahmen. Es gehörte sich für Frauen nicht, eine solche Lebensweise zu wählen. Sie hatten nicht alles stehen- und liegenzulassen, um mit einer Gruppe Menschen durch die Lande zu ziehen. Aber sie konnten nicht anders. Es war etwas Unbezwingbares an dieser Gemeinschaft um Jesus. Sie hörten zu und sprachen selbst, sie feierten und diskutierten. Sie fühlten sich frei und geborgen in einem. Und die erwartungsfrohe Stimmung, als sie sich der Hauptstadt Jerusalem näherten! Jetzt würde er sich als der Messias, der langersehnte zeigen. So sagten es jedenfalls manche in ihrer Gemeinschaft.
Es kam alles ganz anders. Die Verhaftung Jesu bei Nacht. Diese Nacht, in der sie nicht genau wußten, wo er hingeschleppt worden war. Am Morgen danach: die schreckliche Gewißheit – das Todesurteil. Was dann kam, überstieg jegliches Vorstellungsvermögen. Die Folter. Die Hinrichtung. Nein, sie waren nicht geflohen. Sie hatten ausgehalten, allein, auf sich gestellt. Sie blieben stehen bis zum Ende. Sie verstehen selbst kaum, wie ein Mensch es fertigbringt, so etwas mitzuerleben. Nie, so lange sie leben, wer-

den sie die Bilder der letzten Stunden vergessen. Nur diese Morgenstunde läßt vor dem vollen Erwachen die Illusion zu, alles sei wie immer. Aber sie ahnen bereits: Gleich, gleich wird sich die Erinnerung mit brutaler Kraft zuammenballen.

Als sie hinausgehen in den Morgen miteinander, ist da kein Empfinden für die Frische der frühen Stunde, für die Schönheit der Natur. Nur die Trauer ist da und die Freundschaft und Liebe zu dem Hingerichteten. Eine Möglichkeit gibt es noch, dieser Freundschaft Ausdruck zu verleihen: durch die Salbung wie sie damals für Tote üblich war. Ach üblich!

Wer fragt schon bei einem Hingerichteten danach, was Sitte und Gewohnheit ist. Mit diesem letzten Ausdruck ihrer Liebe laufen sie Gefahr, selbst festgenommen zu werden als Sympathisantinnen dieses Jesus von Nazareth. Diese Menschen, verstört, mit Erinnerungen belastet, verwundet von ihrer Trauer, diese Frauen trifft die Osterbotschaft: Er ist nicht hier. Er lebt. Jubel, weil alles anders ist? O nein. Angst und Erschrecken.

Panisch laufen sie fort vom Grab. Wie sollte es auch anders sein? Wie sollte sich das Grauen der vergangenen Tage einfach abschütteln lassen?

Langsam beginne ich zu ahnen: Der Jubel am Ostermorgen ist ein anderer als wir ihn normalerweise verstehen. Er kommt nicht auf Abruf. Er ist nicht laut und siegesgewiß. Er tastet sich leise vor und bahnt sich vorsichtig seinen Weg. Denn er ist ja nicht in erster Linie für die, die glatt und ohne große innere Verletzung durchs Leben gehen, für die Optimisten, die immer Lösungen sehen. Er ist in erster Linie für die, die ein wenig diesen Frauen gleichen, die da vom Grab fortlaufen: Menschen, die an Erinnerungen tragen, die sich in ihrer Härte nicht beschönigen lassen, Menschen, die Einsamkeiten kennen, aus denen aufmunternde Worte nicht hinaushelfen, Menschen, die wissen, daß manche Verletzungen immer brennen werden. So wie ja auch den auferstandenen Jesus immer die Wunden der Kreuzung zeichneten.

Vielleicht sind aber gerade diese Menschen offen für eine schüchterne, fast verschüttete Ahnung in ihrer Seele von einem Gott der Liebe und des Lebens – wie ja auch die Frauen mit ihrer Salbung in der Liebe bleiben. Sie tasten sich diesem Gott der Liebe und des Lebens entgegen mit einem »Vielleicht«. Vielleicht hat dieser Gott noch etwas bereit. Vielleicht kommt nach einer langen Zeit der Starre eine Geste, die vorsichtige Freude erweckt, die sich langsam, ganz langsam ausweitet. Vielleicht zeigen sich Erinnerungen in einem anderen Licht, so daß ich leichter mit ihnen leben kann. Vielleicht begegne ich Menschen, in deren Gegenwart ich Gedanken denken, Gefühle entwickeln kann, die ich vorher so bei mir nicht kannte. Und vielleicht kann ich diese Zeichen als Osterzeichen verstehen – gesandt von einem Gott, der das gutgemeinte Leben ist. Dann spüren wir wohl, daß wir nicht ausgeschlossen sind von dem Osterjubel und daß er ruhig leise sein darf. Wir wissen uns zugehörig zu diesem Gott, von dem es heißt: »Du, Gott, schaffst Jubel, wo der Morgen aufgeht und wo der Abend anbricht.«

Matthäus arbeitet am Thema Ostern

Text: Matthäus 28,1-10 *Rainer Mischke*

Der Evangelist Matthäus überarbeitet das Markus-Evangelium
Stellen Sie sich bitte vor, es wäre jetzt nicht das Jahr 2000, sondern das Jahr 82 nach Christus. Und wir wären nicht in Immenstadt, sondern in Syrien. Ich wäre auch nicht Rainer Mischke, sondern der Evangelist Matthäus; sie wären nicht die Gemeinde hier, sondern würden Matthäus bei der Arbeit über die Schulter schauen.
Ich bin ein Juden-Christ, das heißt, ich war früher Jude und wurde dann Christ. Das Judentum ist immer noch meine Religion. Nur denke und glaube ich zusammen mit den ChristInnen, daß Jesus der Messias war, den Gott uns gesandt hat. Deswegen haben wir manchmal Streit in der Synagoge. Die heiligen Schriften des jüdischen Glaubens sind übrigens auch meine. Besonders interessiert es mich, wie die heiligen Schriften und das Jesus-Ereignis zusammenhängen. Eines noch: Ich lebe in einer patriarchalischen Welt, vor allem die Männer gelten etwas.
Also wie Markus das schreibt mit der Sache vom leeren Grab! So kann man das wirklich nicht machen. Kein Wunder, daß meine Gemeinden mit dem Markus-Evangelium nichts anfangen können und ich alles noch einmal schreiben muß. Da ist zu wenig Handlung drin! Schauen die Frauen ins Grab und finden einen Engel. Das muß man doch dramatischer gestalten. Überhaupt läßt Markus die Frauen zum Grab gehen, um Jesus einzubalsamieren. Weiß er denn nicht, daß das in unserem Klima nach zwei Tagen sinnlos ist? Und dann die Sache mit dem Stein: Zum Salben gehen - und den Stein vergessen, der den Zugang versperrt!
Ich hab's: Die Frauen gehen nicht früh am Morgen zum Grab, sondern am Abend. Sie wollen nicht einbalsamieren, sondern nur trauern. Da kommt der Engel wie in Blitz! Es wird taghell! Und die römischen Soldaten haut's um! Die römische Militärmacht fällt in Ohnmacht! Das bringt's! Dazu noch ein Erdbeben.
Erschrocken rennen die Frauen von Grab weg? Wo bleibt die Freude? Zum Petrus werden die Frauen besonders geschickt? Ich halte den Petrus nicht für so wichtig. Der bleibt bei mir weg!
Nur was mach ich mit der Maria von Magdala? In der Tradition ist fest verankert, daß sie die erste war, zu der Jesus nach seiner Hinrichtung wieder Kontakt aufgenommen hat. Da kann ich sie nicht rausreißen. Halt! Ich laß Jesus mit den zwei Marias am Grab Kontakt aufnehmen; das mindert das Gewicht von Maria aus Magdala. Frauen sind doch nicht so wichtig, die Männer haben Zeugen-Funktion.
Nach Galiläa gehen? Das laß ich, das find ich gut. Galiläa steht für Alltag und Anfang.

Lesung
von Matthäus 28,1-10

Matthäus ist mit seiner Arbeit zufrieden
So darf man mit diesen wichtigen Erzählungen nicht umgehen, hat da eben jemand gesagt? Es kommt doch nicht auf das Historische an. Ich war kein Augenzeuge der Ereignisse damals. Markus übrigens auch nicht. Nein, wir haben nicht den geringsten Zweifel, daß Jesus von Gott nach seiner Hinrichtung ein neues Leben bekommen hat. Nicht den geringsten Zweifel. Aber wir als Evangelisten müssen doch die Bedeutung herausarbeiten der Erzählungen von damals. Ich finde, das ist mir mit meiner Erzählung vom leeren Grab gut gelungen.
Gott sagt uneingeschränkt »ja« zu Jesus. Zu einem, den man eben wie einen Verbrecher hingerichtet hat. Gott sagt »ja« zu einem Gekreuzigten. Jedermann denkt doch, wer gekreuzigt wurde, den hat Gott abgeschrieben. Das Gegenteil ist der Fall: Gerade er bekommt von Gott ein neues Leben. Gott bestätigt nachträglich, daß Jesus recht hatte. In seiner Nachfolge nennen wir Gott »Vater«. Mag das dem Kaiser in Rom passen oder nicht. Gott ist unser Vater, nicht der Kaiser in Rom.
Wenn Gott eingreift, dann fällt die römische Militärmacht in Ohnmacht. War das kein guter Einfall von mir? Der Engel des Herrn kommt - und die römischen Soldaten sinken zu Boden. Da wird deutlich, wie umwerfend es ist, wenn Gott eingreift. Sein Reich beruht nicht auf Gewalt und Kreuzigung, sondern auf Erbarmen und Gerechtigkeit. Jesus hat sich aller erbarmt - er selbst fand kein Erbarmen - da hat sich Gott seiner erbarmt. Jesus verkündete und lebte Gottes Gerechtigkeit - er fand keine Gerechtigkeit - da hat ihn Gott gerechtfertigt.
In Galiläa werdet ihr ihn sehen. Die Fischer gehen wieder zum Fischen. Sie erzählen einander die Geschichten von Jesus. Sie feiern miteinander das Mahl des Herrn. Er ist dort mitten unter ihnen. Und in seinen Armen ist er mitten unter ihnen: Was ihr den geringsten meiner Brüder und Schwestern Gutes getan habt, das habt ihr mir getan. Das können wir ChristInnen in unserem Alltag beherzigen.

Was hat uns die Erzählung des Matthäus heute zu sagen?
Liebe Gemeinde, ich schlüpfe jetzt wieder aus der Rolle des Evangelisten Matthäus. Wir treffen uns wieder im hier und heute.
»Fürchtet euch nicht«, das sagt der Engel den zwei Marias. Das sagt auch Jesus den zwei Marias. Sozusagen zweimal unterstrichen. Das ist den Kern von Ostern. Habt keine Furcht vor Gott. Er begleitet euer Leben wie ein liebevoller Vater. Wie eine liebevolle Mutter. Aufmerksam und zugewandt. Du kannst versagt haben wie Petrus beim Verleugnen - Gott rechnet das Böse nicht zu. Er rechnet nicht ab mit uns.
Fürchtet euch nicht. Das gilt auch gegenüber den Menschen. Sag, was du als ChristIn zu sagen hast. Tu, was du als ChristIn zu tun hast. Es kann sein,

daß du damit auf die Seite der Verlierer, der »looser« gerätst. Wie Jesus. Gott bleibt bei seinem Ja zu dir, wie er beim Ja zu Jesus blieb.
Fürchtet euch nicht. Das heißt aber auch: Macht niemandem Angst vor Gott. Gott eignet sich nicht zum Angstmachen. Er eignet sich zum Mutmachen.
Ein zweites: Jesus ist der Maßstab. Der allein gültige. Nur er hat von Gott ein neues Leben geschenkt bekommen. Daß Sie heute an diesem Feiertag hier im Gottesdienst sind, zeigt, daß Jesus auch Ihr Maßstab ist. Irgendwann sind Sie Jesus begegnet und haben seinen Maßstab als Ihren übernommen. Und seitdem sind Sie ihm immer wieder begegnet. Im anderen Menschen. In seinen Armen, in den geringsten seiner Brüder und Schwestern. Und anderen begegnet er in Ihnen.
Mitten in Ihrem Alltag, wie damals beim Fischen in Galiläa. Er ist der, der Ihnen Mut macht, wenn Sie mutlos werden. Er ist die, die zu Ihnen steht, wenn alle Sie verlassen. Er ist aber auch der, der uns fragt: Siehst du das Elend im Kosovo? Und der, der sich mit uns fragt: Was würde Jesus heute tun?

Dem Göttlichen begegnen

Text: Matthäus 28,1-10 *Jürgen Kegler*

Will man dem Geheimnis dieses Wunders auf die Spur kommen, auf der menschlichen Ebene, die wir verstehen können, dann muß man genau darauf achten, wie die ersten Zeuginnen, die Frauen, auf das Auferstehungsereignis reagieren: mit Furcht und Freude und mit Eile, um es weiterzuerzählen. Das ist doch merkwürdig. Furcht und Freude scheinen uns doch absolute Gegensätze zu sein. Wenn wir uns freuen, dann fürchten wir uns gerade nicht. Und wenn wir uns fürchten, dann gibt es keine Freude. Aber offenbar ist es gerade diese Spannung, dieser Gegensatz, auf den es ankommt: Furcht und Freude zugleich kann ein Mensch nur empfinden, wenn er dem Göttlichen begegnet. Furcht, weil etwas geschieht, was mir alle vertrauten Sicherheiten zerschlägt, was mich die Orientierung verlieren läßt, was mein bisheriges Weltbild erschüttert, was Angst auslöst, weil die Erde bebt. Und Freude, weil zugleich spürbar ist, daß dieses zutiefst Beunruhigende und Verunsichernde etwas unendlich Trostvolles ist. Die Eile und das Weitererzählenwollen ist Symptom dafür, daß die Frauen unter einer ungeheuer großen inneren Anspannung standen, die sie allein durch Bewegung und Erzählen loswerden können. Alle müssen es erfahren. Wenn sie es nicht weitersagen würden, würden sie platzen.

Am Anfang der Geschichte der Kirche steht also die ungeheure seelische Spannung, unter der die ersten Zeuginnen standen. Ursachen seelischer Spannungen sind immer Realitäten. Und die Realität, der diese beiden Frauen gegenüberstanden, war die, daß der, den sie tot wußten, tot glaubten, nicht tot war, sondern lebte und ihnen begegnete.

Dies war schockierend - und zugleich etwas, was mit Jubel und Triumph erfüllte: Jetzt ist die Zeit der Angst und der Trauer, der Klage und des Schmerzes vorbei: Sie verwandeln sich in Jubel.

Frauen sind die ersten, die die Osterbotschaft hören. Am Anfang des Christentums stehen also Frauen. Frauen erwiesen sich mutiger als Männer, sie trauten sich, am Morgen auf den Friedhof zu gehen. Sie wollten den Körper Jesu noch einmal berühren, ihm einen letzten Dienst erweisen. Der Mut der Frauen und ihre hingebende Liebestätigkeit wird mit dem Kostbarsten belohnt, das man sich denken kann: der jubelnden Botschaft, daß Jesus, der Totgeglaubte, nicht mehr unter den Toten liegt, sondern daß er lebt. Vielleicht wurde dies zuerst Frauen gesagt, weil sie vielleicht empfänglicher sind für die Wirklichkeit, die jenseits der Wirklichkeit liegt, die wir mit unserem Verstand und unseren Sinnen nie erreichen können.

In jüngster Zeit hat ein Theologieprofessor, Lüdemann mit Namen, in Göttingen mit viel Akribie ein dickes Buch verfaßt, in dem er die Auferstehung Jesu als unhistorisch, als unglaubwürdig, als historisch unhaltbar hinstellte - weil sie angeblich gegen die Vernunft verstößt. An Karfreitag war er, wie ich gehört habe, sogar im Radio mit seinen Thesen zu hören. Das Buch hat viel Aufsehen erregt, scheint es doch das Fundament des Christentums in Frage zu stellen. Ich halte nicht viel von dieser Art Aufklärung, die Herr Lüdemann betreibt, denn sie atmet den Geist des 19. Jahrhunderts, als man den menschlichen Verstand, die menschliche Vernunft zum Maßstab aller Dinge machte. Heute, am Ende des 20. Jahrhunderts, gibt es allen Grund, der menschlichen Vernunft zu mißtrauen, denn zu sehr hat sie eingegriffen in die Schöpfung, zu sehr versucht sie sich darin, sich selbst als Schöpferin einer neuen Welt an die Stelle des Schöpfers selbst zu setzen, zu sehr sind in Namen der Vernunft und der Wissenschaft Experimente gemacht worden, die das Gleichgewicht der Schöpfung bedrohen - von den über- und unterirdischen Atomversuchen bis hin zum Clonen von Tieren, als daß man - als Theologe - einseitig auf die Vernunft setzen kann. Matthäus erzählt gerade, daß nicht die Vernunft, sondern das Gefühl, das Herz, die Mitte also, die Auferstehung als erste wahrnahm.

Und es ist heute, am Ende des Jahrhunderts, auch nicht mehr unerheblich, ob ein Mann oder eine Frau Theologie treibt. Lüdemann verkörpert den typischen männlichen Wissenschaftler, der analysiert, seziert, in Frage stellt - allein mit Mitteln des Denkens. Frauen treiben Theologie anders: mit einem Verstand, der mit dem Herzen und dem Gefühl in Verbindung bleibt. Das ist der Unterschied zwischen Wissenschaft und Weisheit: Weisheit sieht mit dem Herzen. Wissenschaft mit dem Gehirn. Die Frauen sahen

mit ihrem Herzen - der Professor sieht mit seinem Verstand. Wahrheit und Wirklichkeit ist aber nicht das, was ich allein mit dem Verstand, sondern das, was ich mit Verstand und Herz, mit Verstehen und Fühlen wahrnehme. Insofern ist eine nur auf den Verstand bezogene Sichtweise immer einseitig und greift zu kurz.
Außerdem bezichtigt Herr Lüdemann den Apostel Paulus der Lüge. Das ist ein uralter Vorwurf der Nichtchristen gegen die Christen. Paulus - wir haben es eben gehört - zählt alle auf, die Jesus, den Auferstandenen, gesehen haben. Davon leben noch einige zur Zeit der Abfassung des Korintherbriefes. Dieses Zeugnis ist für mich glaubwürdiger als die - angeblich modernen - Zweifel an die Zeugen!
Matthäus nennt ja auch ausdrücklich die Namen der Zeuginnen. Maria von Magdala, und Maria, die Mutter des Jakobus: Matthäus nennt sie, um uns klar zumachen: Das Zeugnis von der Auferstehung Jesu beruht auf zuverlässigen Zeugenaussagen. Es ist eine Wirklichkeit, keine Phantasieproduktion. Jesus lebt wirklich. Der Tod hatte nicht das letzte Wort.
Das ist nun in der Tat eine andere Erfahrungsebene, hier wird im Glauben eine andere Dimension eröffnet, eine, die sich dem Verstand verschließt. Die nur um den Preis größter innerer Anspannung zu erahnen ist, weil sie alles Vertraute und Nachprüfbare über den Haufen schmeißt. Totsein ist nicht mehr das Letzte, sondern etwas durch Gott Überwindbares.
Die Bibel will uns ermutigen, diesem Zeugnis zu vertrauen. Sie will sagen: Du, wenn du selbst in deinem Leben erlebt hast, wie der Tod Beziehungen zerstört, wie er als endgültiges Aus dich in Kummer und Verzweiflung und Einsamkeit zurückläßt, du, sieh hier, einmal ist der Tod besiegt worden, hatte keine Macht, sondern mußte sein Opfer wieder hergeben. Damit ist der Tod erstmals überwunden worden: und darum hat die Macht seiner Totalität einen Riß bekommen. Der Tod bleibt eine Realität in unserem Leben, aber es ist und bleibt eine vorläufige.
Ja, der Schmerz und der Verlust bleiben bestehen. Die Trauer um die beendete Beziehung, das Ende von Zuwendung und Liebe, von Zärtlichkeit und Verständnis, die Einsamkeit in der Nacht, das mühsame Sich-Zurechtfinden im Leben ohne den vertrauten, geliebten Menschen - das bleibt. Das wird auch durch einen noch so starken Glauben an ein Leben nach dem Tod nicht verhindert. Es ist meines Erachtens sogar grundfalsch, wenn Christen den Anspruch hätten, man dürfe angesichts des Todes nicht trauern, sondern müsse sogar noch dankbar sein. Das ist übermenschlich. Nein, alle Gefühle, die ein Tod in uns auslöst, haben ihre Berechtigung. Nur: Die Hoffnung auf das in Christus begründete neue Leben hilft, sie radikal zu begrenzen. Du, trage Trauer und beweine den Toten, denn jeder Mensch ist kostbar, und ihn zu verlieren, bereitet Schmerz. Traure um den Abschied, beklage deinen Verlust, den du erlitten hast - und dann blicke aus der Tiefe Deines Schmerzes wieder nach oben und sieh: Der Tod wird nicht das letzte Wort behalten: Es gibt eine Wirklichkeit jenseits des Todes, die Wirklich-

keit der Liebe und väterlichen und mütterlichen Zuwendung Gottes. Schmerz und Trauer haben ihren berechtigten Ort - aber sie sollen genauso wenig unser Denken und Fühlen ganz und auf Dauer ausfüllen.
Für mich liegt das Geheimnis der Auferstehung darin, daß ich innerlich frei werden kann von all den Todesängsten und Todessehnsüchten, die mein Leben bestimmen. Die unstillbare Gier nach Leben, die in uns allen schreit, nach Liebe, Zuwendung, Anerkennung, Nähe, bekommt, wenn ich mich wirklich auf die Hoffnung auf die Auferstehung einlasse, eine ganz neue Relativität. Ich kann die Kraft, die ich brauche, um die Gier zu stillen, einsetzen für wirklich erfüllte Augenblicke, ja ich kann mich eigentlich erst dann richtig auf den Augenblick einlassen. Kann gelassen werden, weil der Tod seinen Schrecken über mich verloren hat.
Ich kann es auch anders formulieren: Der Glaube an die Auferstehung ist genauso vernünftig oder irrational wie der Glaube an Gott. Wenn ich aber an Gott glaube, an ihn als den Schöpfer der Welt, der aus totem Material lebendige Wesen geschaffen hat und immer noch zur Welt kommen läßt, wenn ich an ihn als den Schöpfer der Welt glaube, wieso sollte er nicht auch fähig sein, einen toten Körper wieder aufzuerwecken? Wieso sollte er nicht stärker sein als der Tod? Ist es nicht eher so: Wenn ich nicht an die Auferstehung Christi glauben kann, dann zweifle ich letztlich an der Schöpferkraft Gottes. Genau diesen Zusammenhang stellt Paulus ja her, wenn er von der in Christus geschehenen neuen Schöpfung spricht. Die Schöpfung selbst ist ein Wunder; warum sollte das Wunder der Auferstehung von uns mit anderen Augen gesehen werden als das Wunder der Schöpfung selbst? Ich traue Gott Wunder zu: das bedeutet es, wenn ich mit glaubendem Herzen sagen kann: »Am dritten Tage auferstanden von den Toten.«

Ostern ändert alles

Text: Matthäus 28,1+8 *Ludwig Burgdörfer*

Ostern ändert alles!
Wie aus einer am Boden liegenden Raupe durch wundersame Verwandlung ein am Himmel fliegender bunter Schmetterling wird, so macht Gott an Ostern eine unglaubliche Verwandlung - mit Jesus, mit seinen Freundinnen und Freunden und wenn wir wollen - sogar auch mit uns.
Ostern ändert alles:
Aus Karfreitagsschreck wird Osterlachen, aus Todesangst wird Lebenslust, aus Grabgesang wird Siegeshymne. Die Sackgasse entpuppt sich als Durch-

gangsstation, das Grab wird zur Dunkelkammer, in der sich aus den Negativen ein neues Bild vom Leben entwickelt.
Beobachten können wir das an zwei einzelnen Versen, die ich aus dem Matthäus-Osterbericht herausgenommen habe.
Sie sind eine Momentaufnahme mit einem Überschuß an Bedeutung und Aussagekraft. Sie zeigen uns: Ostern ändert alles.

Verlesung des Textes

Wenn ich auf dem Friedhof bin, werde ich immer wieder an diese beiden Verse erinnert. Ja, ich erlebe sie beinahe nach und wiederhole sie für mich. Es fängt damit an, daß ich mit einer Trauerfamilie und mit einem Sarg oder einer Urne von der Friedhofshalle zum Grab ziehe, mal mit wenigen mal mit vielen Trauergästen hinterher.
Aber immer gehen wir langsam. Niemals eilig, selbst wenn es regnet oder stürmt. Darin sind sich alle ohne Absprache einig: Auf dem Friedhof rennt man nicht. Der Weg zum Grab ist ein langsamer, ein bedächtiger, ja ein schwerfälliger Weg, weil er eben schwer fällt. Ihn geht man nicht, wie man eben mal noch schnell auf die Post muß oder um die Ecke Brötchen holt. Die Trauer macht die Beine schwer, der Abschied geht langsam vor sich, fortschreitend, unwillig fast, widerwillig, schrittweise dem Grab und dem endgültigen Abschied entgegen. Denn am Grab angekommen, ist dann kein Umweg mehr möglich, kein Ausweg mehr zu sehen, unumgänglich die Trennung.
Wenn ich dann als erster vom Grab wieder weggehe, zurück, dann komme ich oftmals am großen Holzkreuz vorbei, das auf unserem Friedhof weithin sichtbar aufgestellt ist. Und immer dann fallen mir diese Frauen vom Ostermorgen ein. Zurück gehe ich nämlich jetzt ziemlich schnell. Nicht nur weil ich es eilig habe, sondern weil es mich ganz unwillkürlich und unbewußt zurückzieht ins Leben, weg vom Tod, weg vom Grab. Und wenn ich dann das große Holzkreuz sehe, fallen mir diese Frauen ein.
Tatsächlich: Es ist die einzige Geschichte, die ich kenne, in der jemand auf dem Friedhof rennt. Zuerst sind sie im Trauermarsch angekommen, um dem Ritual des Loslassens und der Trennung entlang zu gehen und ihrem Herrn die letzte Ehre anzutun, dem Leichnam zumindest, dem was von Jesus noch übrig geblieben ist.
Und dann kommt die große Verwandlung, die den am Boden kriechenden regelrecht Flügel wachsen läßt und sie wie Schmetterlinge zu Boten eines neuen Frühlings werden und ausschwärmen und zurück ins lachende Leben rennen, mit der unglaublichen Botschaft auf den Lippen und in den Herzen, daß Gott die große Verwandlung gelungen ist.
Natürlich ist das nicht einfach. Diese Nachricht ist ja nicht zu fassen, sie ist mehr als irgendjemand zu begreifen vermag. Kein Wunder also, daß sie

nicht nur leicht wie Schmetterlinge davontänzeln, sondern vor allem auch Schmetterlinge im Bauch haben, die Mischung machts: es heißt da: Furcht und große Freude! Das ist der Stoff aus dem die Osterträume sind, die Mixture aus Himmel und Angst, nämlich himmelangst, die unerträgliche Tragweite der Auferstehung Jesu von den Toten.
Entscheidend aber ist der neue Bewegungsablauf: Aus dem Trauermarsch wird ein Siegeszug, wir schleichen nicht mehr nur dem Tod hinterher, sind nicht nur die geschlagenen Hinterbliebenen des unendlichen Todes, wir haben nicht nur das Nachsehen - Ostern ändert alles und macht uns Beine und Hoffnung, schickt uns zurück und läßt uns das Leben neu angehen, wir laufen um unser Leben, diesmal aber nicht von Angst verfolgt sondern in der Nachfolge dessen, der die Angst überwunden hat.
Wir werden immer wieder auf den Friedhof müssen. Der langsame, schweigsam bedrückende Abschiedsweg wird uns trotz Ostern nicht erspart bleiben. Immer wieder werden wir uns an Gräbern versammeln und den schweren Gang üben.
Aber wir sollen wissen, daß der Weg ans Grab keine Einbahnstraße mehr ist.
Mit Furcht und mit großer Freude sollen und dürfen wir bei jedem Weg vom Friedhof zurück daran denken, daß die Frauen damals nicht ohne Grund so gerannt sind.
Sie mußten die Nachricht in Umlauf bringen, daß Gottes Pläne mit uns nicht am Grab enden, sondern sich wenden zu einer Verwandlung hinüber in die Ewigkeit.
Ostern ändert unsere Gangart und hoffentlich auch unseren Umgang miteinander und mit unseren engen Grenzen und unserer kurzen Sicht. Laufen lernen, nicht weg, nicht auf und davon, sondern drauflos und draufzu - der Ostermarsch hat begonnen ... jetzt gilt mit Furcht und Freude hinterherzukommen, dann werden wir Schmetterlingserfahrungen sammeln und Blütenträume entdecken und ganz frische Jesus-Spuren lesen und Gott entgegenkommend spüren - laufend!

Du stehst in deinem leeren Grab

Text: Markus 16,1-8 *Helmut Herberg*

Das Lachen tat weh. Es ist kein befreiendes Lachen wie früher, dachte sie und brauchte einige Augenblicke um zu verstehen, daß sie ausgelacht wurde.

Unbeholfen fuhr sie sich durchs Haar, streifte mit beiden Händen ihren langen Rock ab, als wolle sie Spinnweben davon entfernen. Dann rannte sie über den Hof, an den Hang, zu der verriegelten Höhle.
Tief atmete sie durch und klopfte behutsam, ja zärtlich, an die Eichenbohle: »Ich bin's, Maria Magdalena, ich muß mit dir reden!« Innen nahm jemand die schwere Kette von der Tür und öffnete sie einen Spalt. Maria Magdalena zog den Kopf ein und zwängte sich durch die Tür in die dunkle Höhle, die sich weiter hinten zu einem Vorratsraum für Tierfutter weitete. Petrus hatte sich in der hinteren Nische ein Lager gemacht. Von der Tür her fiel ein spärliches Licht in das Erdloch. Das Gelächter drang bis hierher. »Sie lachen über mich, den Feigling«, begann Petrus. »Nein«, antwortete Maria Magdalena und wiederum streiften ihre Hände hastig über ihr Kleid. »Sie lachen über uns, über mich und meine beiden Freundinnen.« Und ohne die Reaktion ihres Gegenübers abzuwarten, fuhr sie fort: »Wir drei waren gestern morgen am Grab. Es war leer, d. h. ein Mann saß dort, ein Engel, er hat zu uns gesprochen: ›Jesus ist nicht hier!‹, rief er uns zu und ...«
Maria Magdalena stockte: »Du«, sagte sie und rutschte näher zu Petrus, »›Geht‹, rief der Bote Gottes, ›geht, sagt es den anderen Jüngern und Petrus. Sagt ihnen, Jesus wird vor euch hergehen, nach Galiläa, dort werdet ihr ihn sehen.‹«
Langsam, ganz langsam hob Petrus den Kopf und sah Maria Magdalena lange an. Tränen kamen ihm in die Augen. »Und Petrus« hat er gesagt oder willst du mich nur trösten?«
»Du kannst nachher meine beiden Freundinnen fragen, sie werden es dir bestätigen. Doch darüber wollte ich mit dir gar nicht reden, ich wollte dir sagen, was ich am Grab erlebt habe, aber ...«. Sie preßte beide Lippen fest aufeinander. Wieder drang das Gelächter in die Höhle. Ich habe Angst, daß du mich auch auslachst, fügte sie leise weinend hinzu. Petrus holte tief Luft und blies sie lange vor sich hin. »Das Lachen«, flüsterte er, »ist mir seit der Nacht meiner Feigheit vergangen.« Wieder blies er die Luft durch die Lippen. »Keiner ist so feige wie ich. Dabei wollte ich ...«
Er winkte ab, lehnte sich nach hinten an die Erdwand.
»Bitte«, sagte Maria Magdalena, »hör mir zu: Auch wenn du mich nicht verstehst. Hör mir bitte nur zu!
Du kanntest mich schon, als ich noch schwer krank war. Du hast mich besucht in den Tagen meiner abgrundtiefen Traurigkeit. Du wußtest, daß ich mich längst aufgegeben hatte und verhungern wollte. Du kanntest mich, als ich mich an jeden hängte, der ein bißchen nett zu mir war. Du warst dabei, als Jesus mich geheilt hat. Als er mich die Lebensfreude, meinen Mut, mein Selbstbewußtsein entdecken ließ. Du weißt, was ich ihm verdanke und wie sehr ich ihn geliebt habe. Bis sie ihn ermordeten. Und es war mir so, als wäre ich mit ihm gestorben. Mein einziger Trost war, das Gewesene, die Erinnerung einzubalsamieren. Sie vor dem Verfallen durch die Zeit zu

bewahren. So ging ich mit meinen beiden Freundinnen zum Grab.« Maria aus Magdala stützte den Kopf in beide Hände und schwieg.
Lange saßen die beiden schweigend nebeneinander.
»Irgendwann beginnt, glaube ich, jede von uns, die Verangenheit zu konservieren«, unterbrach Maria Magdalena das Schweigen.
»In jedem Leben gibt es so einen Punkt, wo du gleichsam nach rückwärts lebst. Die gestorbene Hoffnung, deine Sehnsüchte und Wünsche in Mumien verwandelst, und sie dann in deinen Keller stellst.
In jeden Hauch von Leben, der dir entgegenweht, mischt sich der Modergeruch aus deinen Kellern.
Und all die Duftfläschchen, die du von deinem sauer verdienten Geld kaufst und in dein Zimmer stellst, vermögen nur für kurze Zeit den Geruch des Todes zu vertreiben. Schließlich setzt du dein Lächeln auf, auch wenn dir zum Heulen zumute ist, und gehst zur Tagesordnung über. Der Tod hält dich mit sanften Griff. Er gibt dir das Gefühl, über allem zu stehen, die Wirklichkeit zu durchschauen: Wahngebilde zum Tod. Wie die Liebe zu diesem Jesus und seine Liebe zu dir.
So dachte ich und sah nicht die Strahlen der Morgensonne über dem Ölberg.
Vor dem Grab fiel mir der riesige, runde Stein ein. Meine Beine versagten, das Salbengefäß fiel auf die Erde und zersprang in tausend Stücke.
Salome riß mich aus meiner Starre, zog mich am Ärmel in das leere Grab.
Du«, flüsterte Maria Magdalena, »es gibt nichts Schrecklicheres, als der Anblick deines leeren Grabes!«
Petrus schaute auf. »Deines Grabes?«, fragte er leise.
»Ja, deines. Wenn dir nichts mehr bleibt, was du einbalsamieren kannst, dann stehst du in deinem leeren Grab.«
Salome und Maria können sich noch an alles genau erinnern. Ich weiß nur, daß der Bote Gottes gesagt hat: Er ist nicht hier. Und: Geht, sagt es seinen Jüngern und Petrus: Er wird vor euch hingehen nach Galiläa. Maria aus Magdala schüttelte den Kopf: »Nein, das Entsetzen war nicht plötzlich weg. Im Gegenteil, es wuchs. Es breitete sich über meinen ganzen Körper aus. Aber es lag nicht mehr wie ein Stein auf mir. Ich konnte das Zittern in meinen Händen und Füßen ... zulassen.
Und ich weiß nicht, ob du das verstehst: In meinem leeren Grab wuchs die Erkenntnis: Es gibt vor Gott nichts, das todsicher ist. Mein Zittern war ein Erzittern vor der Macht des Lebens. Mit dem Zittern lösten sich die Fesseln der Angst, der Angst vor dem Lebendigsein, die Fesseln der Angst vor dem Glück. Im leeren Grab wurde mir deutlich: Hier lagen sie alle begraben: deine Sehnsucht nach Nähe, deine Heiterkeit und Lebensfreude, das Vertrauen in Gott, der großen heilenden Kraft und die Fähigkeit zu lieben und sich lieben zu lassen.«
»Du!« Maria Magdalena griff nach der Hand des Petrus.
»Du! Das ist der Stein, der kalte, harte Stein: deine Angst, nicht liebenswert zu sein, weil du dich ja sehr gut kennst.

Du rollst ihn jeden Morgen, wenn du dich im Spiegel anschaust von deiner Seele.
Und greifst dann, verstehe es wer kann, zu den Salben, um die Blässe des Todes zu verdecken und deine Kellerleichen zu konservieren. Salben, Salben, Salben ..., ja der Salbenmarkt ist groß und wächst mit steigender Nachfrage.«
Maria Magdalena roch an ihren Händen und streifte sie heftig an ihrem Rock ab.
»Meine Steine sind ins Rollen gekommen, die Steine die schwer auf meiner Seele lagen, verstehst du?«
Petrus schaute mit leeren Augen über sie hinweg. Er hat mir gar nicht zugehört, dachte sie.
»Sagte er wirklich ›Und Petrus?‹« fragte er zum dritten Male.
Maria Magdalena nickte. »Und Petrus« wiederholte sie! »Ja, er wartet auf dich in Galiläa.«
»Ich habe ihn mit meiner Feigheit ins Grab gebracht«, antwortete Petrus stockend und kämpfte mit den Tränen. Das ist wie ein Berg. Wenn du glaubst, du hättest dich ein wenig freigeschaufelt, rutscht um so mehr nach.«
»Ich verstehe nicht, wovon du redest«, wollte Maria Magdalena einwenden, da fuhr Petrus fort: »Sein Grab ist auch mein Grab!«
Dann sprang er plötzlich auf, faßte Maria Magdalena an die Schultern und rief: »Ich muß sofort hin. Ich muß auch in mein leeres Grab sehen.« Maria aus Magdala, sah dem rennenden Petrus lange nach. Er rennt wie um sein Leben dachte sie, und ein bißchen Wehmut stieg in ihr auf. Sie wußte nicht warum.

Der Weg zum Grab, der Weg ins Leben

Text: Johannes 20,1+11–18 *Klaudia Busch-W.*

In V. 17b übersetze ich »Brüdern und Schwestern«.
Liebe Gemeinde!
Vor einigen Tagen ging ich über den Friedhof zum Grab meines Vaters. Lange war ich nicht mehr dort gewesen. Aber jetzt, wo die Tage wieder länger und heller sind, habe ich mich ins Auto gesetzt und bin losgefahren. Viele Menschen waren unterwegs, Autos fuhren hin und her. Der Berufsverkehr war in vollem Gange. Auf dem Friedhofsgelände war es ruhig, richtig friedlich. Es war noch früh am Morgen, und ich sah niemanden sonst.

Ich spazierte hierhin und dorthin, schaute mir die Gräber und die Grabsteine an. Bekannte Namen las ich darauf und viele unbekannte. Ein Friedhof ist für mich ein Ort, an dem ich heraustreten kann aus dem Alltagsstreß und Alltagstrott, an dem ich leichter Wichtiges von Unwichtigem unterscheiden und an seinen Platz rücken kann. So fällt es mir leichter, meine Mitte wieder zu finden. An jenem Morgen ließ ich mir Zeit und spazierte gemütlich zum Grab meines Vaters. Dieser Weg ist für mich eine Begegnung mit der Vergangenheit, und wenn ich vom Grab weggehe, hin zum Friedhofstor, ist es ein Gang neu ins Leben und in die Zukunft.
Heute - an Ostern - muß ich an diesen kleinen Spaziergang denken. Denn Ostern beginnt auf einem Friedhof. Wie war es damals, vor fast 2000 Jahren? Hören Sie den Predigttext aus dem Johannesevangelium 20,1+11-18 (Text verlesen).
Maria geht zum Grab Jesu. Noch ganz lebendig sind die schrecklichen Ereignisse der letzten Tage. Der Schock sitzt tief. Die Verhaftung Jesu, seine Verurteilung und dann die Kreuzigung. Maria und mit ihr andere Frauen sahen von ferne zu. Sie ertrugen diesen grausamen Anblick. Das war das einzige, was sie tun konnten. Bei Jesus bleiben - bis zuletzt.
Maria hatte in den letzten Nächten sicherlich keinen Schlaf gefunden. Sie ist innerlich aufgewühlt, ihre Seele trauert, und das Herz weint. Ein Teil ihres eigenen Ich ist mit gestorben. Sie hat das Gefühl, daß die Welt stehenbleibt. Ausschnitte aus der vergangenen Zeit tauchen auf: Ihre erste Begegnung mit Jesus in ihrem Heimatdorf Magdala, am See Genezareth. Jesus hatte sie von 7 Dämonen befreit, von einer wahrscheinlich psychischen Erkrankung geheilt. Nach Jahren der Krankheit war sie plötzlich wieder gesund. Von da ab folgte sie ihm und unterstützte Jesus und seine Jünger finanziell (Lk 8,1-3). Sie konnte es, denn sie stammte aus einer wohlhabenden Familie. Bei Jesus fühlte sie sich wie neu geboren, wie ein neuer Mensch. Bei ihm durfte sie reden, was Frauen sonst in Anwesenheit von Männern verboten war. Er behandelte sie als eigenständige Persönlichkeit und nahm sie ernst. Während Frauen sonst nur als ›Gebärende‹ von Söhnen gut waren. Jesus war ihr Freund. Sie liebte ihn. Ihre Beziehung hielt auch noch stand, als die Jünger längst geflohen waren.
Und jetzt? Jetzt geht sie zu seinem Grab, ganz früh am Morgen, als es noch dunkel ist. Es ist ein gefährlicher Gang für Maria, durchaus kein gemütlicher Spaziergang über einen Friedhof. Denn die Kreuzigung war die römische Todesart für politische Aufrührer. Angehörigen und Freunden waren die Bestattung, ja selbst die Trauer verboten bei Androhung der eigenen Todesstrafe. Wenn Maria, trotz Dunkelheit zum Grab Jesu geht, ist dies sehr mutig. Aber sie will Jesus den letzten Liebesdienst erweisen. Sie will ihn für die letzte Ruhe einbalsamieren, wie es der Brauch vorschreibt.
Maria steht vor Jesu Grab und weint. Sie lebt ihre Trauer und beweint ihren großen Verlust. Und: Sie sucht verzweifelt und beharrlich nach dem toten Jesus. Da spricht sie jemand an: »Warum weinst du? Wen suchst du?« Nach

Marias Logik kann dies nur der Friedhofsgärtner sein. Sie fragt ihn, wo er den Leichnam Jesu hingelegt habe. Da nennt dieser Jemand ihren Namen »Maria«, und sie erkennt, daß es Jesus ist, daß er lebt. Und spricht ihn an: »Rabbuni«.

Diese Begegnung ist der Höhepunkt der Erzählung. Doch wo Jesus zum Greifen nahe ist, entzieht er sich wieder. Dadurch wird das Geheimnis dieser Begegnung spürbar. »Rühr mich nicht an«, meint: Du kannst an dem, was ich jetzt bin, nicht Anteil haben. Es ist, als ob Jesus in einer anderen Welt sei.

Dann wird Maria von Jesus auf einen neuen Weg gesandt. Sie bekommt den Auftrag, das Evangelium zu verkünden. Und Maria geht los und verkündet den anderen das Wunder der Auferstehung.

Liebe Gemeinde! Maria von Magdala erlebt, was Auferstehung heißt: Sie ist solidarisch mit Jesus auch noch nach seinem Tod. Damit riskiert sie ihr eigenes Leben. Auf dem Friedhof, bei der erwarteten Begegnung mit der Vergangenheit geschieht das Wunder: Jesus ist auferstanden von den Toten. Er lebt. Ihre Beziehung zu Jesus beginnt neu. Maria hat den Auferstandenen nicht fassen können, aber sie selbst darf auferstehen in ein neues Leben. Völlig verändert geht sie ins Leben zurück, in eine neue Zukunft. Ihre Trauer verwandelt sich in Freude, ihre Verzweiflung in Hoffnung, ihre Einsamkeit in neue Gemeinschaft und ihr Schweigen in Reden. Sie ist die erste Zeugin des Auferstehungswunders und hat den Mut, öffentlich davon zu erzählen. Zu recht wird Maria vom Kirchenvater Augustin ›Apostola apostolorum‹, die große Apostelin genannt. Von Generation zu Generation wird ihre Botschaft weitergegeben: Jesus lebt. Er ist auferstanden.

Wie war das bei mir damals, als mein Vater starb und beerdigt wurde? Wie ergeht es Menschen, die jemanden verloren haben, der ihnen lieb war und die am Grab stehen?

Unendlich schwer ist dieser endgültige Abschied auszuhalten. Da ist es gut, wenn ich weinen und meine Trauer leben kann, so wie Maria weinte. Wie hilfreich ist es, wenn mich jemand fragt: Warum weinst du? Was bedrückt und schmerzt dich? So wie Jesus damals Maria fragte: Was weinst du, Frau? Wen suchst du? Wie wichtig ist es in solcher Situation, beim Namen genannt zu werden und die Gewißheit zu haben, daß Gott uns alle, auch die Toten mit Namen kennt und beim Namen nennt. Gott spricht: Fürchte dich nicht. Ich habe dich bei deinem Namen gerufen. Du bist mein (Jesaja 43,1).

Ich erinnere mich noch daran, wie es war, als der Pfarrer bei der Beerdigung von unserer christlichen Auferstehungshoffnung sprach, wie er davon redete, daß Gott den Tod besiegt hat und uns zusagte, daß uns der Auferstandene jetzt begleitet. Damals, als direkt Betroffene auf dem Friedhof, bekam die Osterbotschaft einen neuen, viel tieferen Sinn. Gegen den Augenschein von Grab und Sarg, wurde mir deutlich, was es bedeutet: Christus ist auferstanden. Er hat den Tod besiegt. Er lebt. Wir bleiben nicht dem Tod verhaftet; das ist Gottes Wille.

Als Freunde, Freundinnen und Bekannte mich damals begleiteten, mir von ihrer Hoffnung schrieben und mir zuhörten, auch Menschen, von denen ich es nicht erwartet hatte, da ist die Osterbotschaft noch einmal spürbar geworden.
Liebe Gemeinde, die Begegnung mit dem Auferstandenen fällt ganz in den persönlichen Bereich. Vielleicht macht es uns das so schwer, über die Ostererfahrung zu reden.
Ich meine: Wo Menschen getröstet werden, Mut finden und Hoffnung, wo Menschen Schritte in eine neue Zukunft gehen können und neue Gemeinschaft erleben, da ist der Auferstandene am Werk. Und damit immer mehr Menschen davon erfahren können oder auch wieder daran erinnert werden, ist es unsere Aufgabe mit dazu beizutragen, daß solche Veränderungen geschehen können. Bei dieser Aufgabe sind wir nicht allein, denn: Christus ist auferstanden. Christus lebt. Amen.

Gestorben nach der Schrift – auferstanden nach der Schrift

Text: 1. Brief an die Gemeinde in Korinth 15,1–11 *Klaus Kohl*

Wenn im Oberbergischen bei den frommen Vorfahren meiner Großmutter zwei oder drei Menschen sich trafen, dann erzählten sie sich gegenseitig von ihrer Bekehrung und von ihren Begegnungen mit dem Herrn Jesus und von ihren Erfahrungen mit dem Reich Gottes. Und manche besorgten sich dann ein Reichsliederbuch und ein Harmonium und gründeten eine eigene Kirche. Unsere Oma Bertha dagegen war eine Realistin. »Kinder«, sagte sie: »Lest in der Heiligen Schrift!« Diese Nüchternheit ist wichtig. Ist wichtig, auch wenn das Osterfest ein sehr rauschendes Fest ist, wichtig, damit das Osterfest ein rauschendes Fest wird und nicht ein be-rauschendes.
»Lest in der Heiligen Schrift!«, schreibt der Apostel Paulus an die Menschen in Korinth. Kennen Sie, liebe Gemeinde, kennen Sie jemanden von denen, von denen der Apostel Paulus hier schreibt, sie hätten eine persönliche Begegnung mit dem Herrn Jesus gehabt? Ich kenne niemanden von denen. Und ein paar von ihnen, so schreibt Paulus, seien sogar schon tot gewesen zu dem Zeitpunkt, als er diesen Brief an die Korinther schrieb.
O, die Frommen aus dem Oberbergischen, sie hätten gewiß gern ihre Namen mit hineingesetzt in die Liste derer, die spezielle Glaubenserfahrungen gemacht, die den Auferstandenen persönlich erlebt haben. Aber nein! Diese Liste ist abgeschlossen. Da kommt niemand mehr hinein. Der Apo-

stel Paulus ist der Letzte. Darum lest in der Schrift! Und da lese ich: Als erstes habe ich euch weitergegeben, was ich auch empfangen habe. Daß Christus gestorben ist für unsere Sünden nach der Schrift und daß er auferstanden ist am dritten Tage nach der Schrift. Nach der Schrift! Gestorben waren vor Christus schon viele und nach ihm auch. Und auferstanden ebenfalls. Der Apollonius von Tyana z. B. und der Alexander von Abonuteichos. Alles schöne, starke, erfolgreiche, tüchtige Helden. Auch in Korinth - so ist es dem Apostel Paulus zu Ohren gekommen - auch in Korinth soll es Auferstehungen gegeben haben von Menschen, die auf irgendeine Weise besondere Berühmtheit erlangt haben. Gestorben und auferstanden nach den Gesetzen menschlicher Träume und Sehnsüchte und Ideale. Nein! Jesus Christus, gestorben nach der Schrift, auferstanden nach der Schrift. Nach dem guten Willen Gottes. Nach dem Erbarmen, nach der Solidarität Gottes mit seinem Volk und mit seinen Menschen und mit seiner Schöpfung. Der zu Karfreitag als der ganz und gar Tote Gepredigte, der von Gott und der Welt Verlassene, der aussichtslose Wanderprediger, der, wohin er kam, allem Göttlichen, allem nach oben Strebenden zum Trotz einen menschlichen, einen unverbesserlichen Hang in die Tiefe zeigte: Er ist Gottes Meisterstück. Nach ihm hat Gott die ganze Menschheit zu erneuern begonnen und wird er die Welt vollenden. Mit ihm hat Gott zurückgegriffen auf den Tod und den Tod gebunden ans Leben.
Das ist es, was der Apostel Paulus empfangen und was er weitergegeben hat an die Menschen in Korinth. Dieses Evangelium. Und dann fingen die Evangelisten an, Geschichten zu erzählen und aufzuschreiben. Geschichten von dem, der lieben kam und sterben ging. Geschichten von seinem Leiden und Sterben, von seinem Leben und von seinem Tod. Geschichten von dem Gekreuzigten-Auferstandenen. Gestorben nach der Schrift, auferstanden nach der Schrift. Nach der Schrift, die Gottes Geschichte mit den Menschen und mit der Welt erzählt in vielen lesenswerten Geschichten. Nur eine Geschichte, liebe Gemeinde, eine Geschichte fehlt mir in der Heiligen Schrift. Eine Geschichte von der Höllenfahrt Jesu. Im Glaubensbekenntnis sagen wir »Hinabgestiegen in das Reich des Todes« oder in einer anderen Version »Niedergefahren zur Hölle«. Und ich frage mich immer wieder und habe schon viele andere gefragt, weshalb wohl kein Evangelist auf die Idee gekommen ist, eine Geschichte zu schreiben von der Höllenfahrt Jesu Christi. Was mag der Grund dafür sein? Vielleicht dies, daß das Erdenleben Jesu schon genug Hölle ist? Daß es schlimmer nicht mehr werden kann als im Zusammenleben mit den Menschen? Mit den Menschen, die sich selbst an die Stelle Gottes setzen und sich gegenseitig verteufeln und einer dem andern zum Wolf wird? Ist das nicht schon das Reich des Todes, wenn des einen Tod des andern Brot wird?
Gestorben nach der Schrift! Ja, unseren Tod ist Jesus Christus gestorben. Unseren Tod hat Jesus Christus an sich gebunden und all die tödlichen Fahrlässigkeiten, die uns tagtäglich unterlaufen. Gestorben nach der

Schrift! Auferstanden nach der Schrift! Ja, schriftlich hat Gott uns seine Treue mitgeteilt, seine Treue zu den scheinbar vom Tode bedrohten Menschen und zu dem scheinbar tödlich gefährdeten Kosmos. Schriftlich, besiegelt mit dem Blut Jesu Christi. Und wörtlich hat er ihn von den Toten auferweckt, wirklich auferweckt, wörtlich, nicht bloß wiederbelebt oder gar reanimiert, so daß nur seine Anima, seine Seele wieder bei uns sei. Wörtlich, damit der Tod nicht mehr das letzte Wort hat, damit er nichts mehr zu sagen hat, so geschwätzig er sich auch weiter geben mag. Darum: »Kinder, lest die Heilige Schrift!« hat unsere Oma Bertha gesagt.
Bei den Konventikeln damals im Oberbergischen besteht ja der Verdacht, daß dort die fromme Seele sich selbst feiert und die eigene religiöse Erfahrung zum Maßstab des Glaubens macht. Jener Verdacht, der auch nicht auszuschließen ist bei gegenwärtigen Gruppen, die besondere Gotteserfahrung für sich in Anspruch nehmen und doch nichts anderes haben als verstümmelte Selbsterfahrung. Bei Menschen, die durch Meditation und Körperübung das Göttliche in sich selbst zu entdecken behaupten. Und dann konsequenterweise sagen, daß ihre Seele den Tod überlebe. Nein, Christus ist nach der Schrift gestorben und nach der Schrift auferstanden. Und begraben. »Begraben«, dieses Wort schreibt der Apostel Paulus ausdrücklich zusätzlich hinein in das alte Christusbekenntnis, das er von den Vorgängern im Glauben empfangen hat. Schreibt es hinein, damit wir glauben, daß Jesus Christus wirklich tot ist, mausetot, tot mit Leib und Geist und Seele. Und die Liste ist dicht. Die Liste derer, die besondere Erfahrungen mit dem Auferstandenen gemacht haben, ist abgeschlossen. Der Apostel Paulus ist der Letzte. Der Paulus, diese Frühgeburt, der Stotterer, der Mann mit dem Pfahl im Fleisch und der dunklen Decke auf der Seele, der Niedergeschlagene, Depressive, der früher Schwierigkeiten mit der Christengemeinde hatte und sie deshalb verfolgte. Er, der Geringste unter den Aposteln, der es nicht wert ist, ein Apostel zu heißen, und sagt: Durch Gottes Gnade bin ich, was ich bin. Durch Gottes Gnade sind wir, die wir sind, liebe Gemeinde. Denn mit der Gnade Gottes greift der Auferstandene wörtlich die gnadenlose Welt an, die Welt, in der des einen Tod des anderen Brot ist. Greift er im gebrochenen Brot und in der Frucht des Weinstocks leibhaftig nach unseren bröckelnden Leibern und unseren zugedeckten Gemütern und unseren verblendeten Köpfen. Greift er mit seiner Geschichte ein in die wirre Geschichte unseres Globus, der nur deshalb so quietscht und eiert, weil er aus den Fugen geraten ist und sich nicht mehr halten kann in seinem Zustand angesichts der Zukunft des Auferstandenen.
So, liebe Gemeinde, jetzt können wir wieder singen. Jetzt können wir uns wieder dem Rausch des Osterfestes hingeben. Entschuldigen Sie bitte die nüchternen Gedanken, die ich Ihnen vorgetragen habe. Aber wir sollen uns ja nicht be-rauschen. »Kinder, lest in der Schrift!« hat unsere Oma gesagt. Sonst werden wir es nie glauben, daß das wahr ist, daß Christus auferstanden ist, daß er wahrhaftig auferstanden ist! Amen!

Was ist nach dem Tod?

Text: 1. Brief an die Gemeinde in Korinth 15,14 *Wolfgang Herrmann*

In seinem Roman »Die unerträgliche Leichtigkeit des Seins« beschreibt der Autor Milan Kundera eine Erfahrung auf einem Friedhof: »Ihr Blick fiel auf die Steinplatte, die neben dem Grab lag. Sie wurde von Entsetzen gepackt und eilte nach Hause. Sie mußte den ganzen Tag über an den Stein denken. Warum hatte er sie dermaßen entsetzt? Sie antwortete: Wenn das Grab mit einem Stein zugedeckt ist, kann der Tote nie mehr herauskommen. - Aber der Tote kann ohnehin nicht mehr herauskommen. Ist es dann nicht einerlei, ob er unter der Erde oder unter einem Stein liegt? - Nein, es ist nicht einerlei: Wenn man das Grab mit einem Stein zudeckt, so will man nicht, daß der Tote zurückkommt. Der schwere Stein sagt zum Toten: ›Bleib, wo du bist!‹ - Sie erinnerte sich an das Grab ihres Vaters. Über seinem Sarg liegt Erde, aus dieser Erde wachsen Blumen, und ein Ahornbaum steckt seine Wurzeln bis zum Sarg hinunter, so daß man sich vorstellen kann, daß der Tote durch diese Wurzeln und Blumen aus dem Grab steigt. Wäre ihr Vater mit einem Stein zugedeckt, so hätte sie nach seinem Tode nie mehr mit ihm sprechen können, nie mehr in der Baumkrone seine Stimme gehört.«
Was ist nach dem Tod? - Die Predigt hat vier Abschnitte.

1.
Als ich im Sommer vor zwei Jahren zum erstenmal biblische Archäologie betrieb und an den Ausgrabungen der kanaanäischen Königsstadt Hazor teilgenommen habe, geschah folgendes. Ich stand an einem der Schüttelsiebe, mit denen wir den ausgegrabenen Schutt durchsieben, um die Scherben und gegebenfalls andere Überreste vom wertlosen Dreck zu trennen. Es ging auf Mittag zu; entsprechend heiß und staubig war's. Neben mir arbeitete Jerry, ein amerikanischer Kollege. Unvermittelt fragte er mich, welches denn mein biblisches Lieblingswort sei. Dazu fiel mir auf die Schnelle nichts ein.
Wir sprachen dann über die Bücher Josua und Richter in denen von der Eroberung der alten Stadt Hazor durch die Israeliten berichtet wird, - allerdings auf eine unklare, widersprüchliche Weise. Wenn der eine Bericht stimmt, kann der andere nicht richtig sein, da er zweihundert Jahre später als der erste spielt. Jerry meinte, er würde trotzdem alles genau so glauben, wie es in der Bibel geschrieben steht.
Ich entgegnete - die Scherben der alten Kanaanäer in der Hand, die ich gerade aus dem Staub gefischt hatte - man müsse aber doch unterscheiden zwischen Tatsachen, wie diesen Scherben und den Mauern des Palastes von König Jabin, deren Fundamente wir freilegten und den Erzählungen dar-

über. Diese Erzählungen seien doch erst Jahrhunderte später aufgeschrieben worden. Da seien verschiedene Erinnerungen zusammengeflossen, auch Absichten und Interessen, die Geschichte in einer bestimmten Form zu erzählen. Kurzum, Tatsachen und Erzählungen, das sei zweierlei.
Jerry war von meinem Versuch einer Einführung in die historisch-kritische Bibellektüre nicht überzeugt, sagte aber erst einmal nichts. Kurz vor dem Ende der Tagesarbeit meinte er, dann solle ich doch mal sagen, wie ich denn die Auferstehung verstünde. Für ihn sie das eine Tatsache.
Da hatte ich nun den Salat. Denn mein Englisch ist keineswegs so gut, daß ich die Diskussion mit einem frommen amerikanischen Theologen befriedigend führen könnte. Übrigens - wir sind gute Freunde, und ich freue mich, ihn im Juni wieder zu treffen!

2.
Ist »Auferstehung« eine Tatsache?
Die Frage, so gestellt, ist verhängnisvoll. Sie scheint nur ein Ja oder Nein zuzulassen. Das ist aber eine falsche Alternative.
Was ist denn »Auferstehung«? Zunächst einmal ist es ein Wort unserer Sprache, mit dem ein altgriechisches Wort wiedergegeben wird, anastasis. Welchen Sinn aber hat dieses Wort? Worte können Dinge bezeichnen. Wenn ich »Tisch« sage, kann man sich einen Tisch vorstellen. Ist »Auferstehung« ein Ding? Doch wohl nicht. Worte können auch Ereignisse beschreiben. Zum Beispiel »Geburtstag«. Jeder weiß, was ein Geburtstag ist. Das Wort »Auferstehung« gehört zu der Sorte von Wörtern, die sich auf Ereignisse beziehen.
An dieser Stelle habe ich Jerry folgendes gesagt: Es gibt so wunderbare biblische Geschichten, und dazu gehören auch die von der Auferstehung. Diese Geschichten sind in der Tat die Grundlage meines Glaubens. Wohlgemerkt, die Geschichten. Nicht das, was daran Tatsache zu sein scheint. Nehmen wir die Geschichte von der Himmelfahrt Jesu. Da ist von einer Wolke die Rede, die Jesus den Blicken der Jünger entzog. Wenn ich auf Tatsachen aus bin, dann wird diese schöne Geschichte schnell absurd. Denn wir teilen nicht das antike Weltbild der Apostel. Ich kann mir nicht vorstellen, daß Jesus wie ein Astronaut in den Weltraum entschwebt. Lukas erzählt doch keine science-fiction-Geschichte.
Die Wolke interessiert mich nicht als Tatsache, sondern als Sinnbild des Glaubens. Denn was ich von Jesus, geschweige denn von Gott, sagen kann, ist wie von einer Wolke verhüllt. Da ist ein Abstand, größer als der, den die Apostel verspürten. Aber ich teile ihre Erfahrung. Und diese Erfahrung lautet: Jesus begegnet mir nicht als Mensch aus Fleisch und Blut, den ich auf der Straße treffen könnte. Er ist mir genauso entzogen wie Gott, den ich auch nicht wie ein Ding vorzeigen kann. Der Abstand ist Tatsache und Erfahrung; die Wolke ist kein Weltraumfahrzeug, sondern Sinnbild für diese Erfahrung.

Außerdem spricht die Geschichte vom »Himmel«, und dieses Wort bedeutet für mich: Gegenwart. »Himmel« ist das, was überall ist, unerreichbar für uns und immer gegenwärtig. So ist Gott: für Menschen unerreichbar – denkt an den Turmbau zu Babel –, aber überall gegenwärtig. So ist es auch, sagt diese Geschichte, mit Jesus.

3.
Ich habe noch nicht gesagt, wie ich das Wort »Auferstehung« verstehe. Eins ist klar: Es handelt sich um die Erfahrung der göttlichen Gegenwart. Doch alle Worte, mit denen wir von Gott und seinem Tun, von seiner Gegenwart sprechen, können nur vorläufige Worte sein. Gott ist mehr und anders als unsere Sprache es fassen kann. Schon das Wort »Gott« ist unangemessen. Der Name Gottes ist deshalb nach biblischen Glauben ein Geheimnis; niemand kennt ihn und kann ihn nennen.
Was wir von Gott sagen, soll diesem Geheimnis so nah wie irgend möglich kommen und soll so wenig Mißverständnisse wie irgend möglich zulassen. – Genau deshalb wurden die urchristlichen Texte von der Auferstehung außerordentlich kritisch gelesen und sortiert. Bei weitem nicht alle sind in die Bibel aufgenommen worden. Nur diejenigen, die zwei Anforderungen erfüllten, finden wir in der Bibel: Der Text muß erstens glaubwürdig von einer entscheidenen Erfahrung sprechen. Und er muß zweitens das göttliche Geheimnis wahren.
Die erste Anforderung: Es handelt sich um die Geschichte einer glaubwürdigen Erfahrung. Das heißt: Wir müssen den Frauen und den Aposteln, die von überraschenden und geheimnisvollen Begegnungen mit Jesus nach seinem Tod in Jerusalem und anderen Orten erzählen, vertrauen, daß sie versuchen, uns eine ganz besondere Erfahrung mitzuteilen, die sie nur so ausdrücken können und die ihrem Leben eine entscheidende Wende gegeben hat. Übrigens: Was hätten sie wohl erzählt, hätte Jesus nicht diesen grausamen Tod erleiden müssen, sondern wäre – ähnlich wie Mohammed oder Buddha – ganz friedlich an Altersschwäche gestorben?
Aber da war das Kreuz. Und sie benutzen für ihre Erzählung das Wort »Auferstehung«, das damals nichts Außergewöhnliches war. Die antike Welt war voll von Geschichten, in denen Götter sterben und wieder auferstehen. So entstanden die Frühlingsfeste mit den dazugehörigen Erzählungen vom Abstieg in die Unterwelt und dem Wiederaufstieg ins Leben.
»Auferstehung« war ein übliches Wort der religiösen Sprache. Die Menschen verstanden sie; und in dieser Sprache drückten die Frauen am Grabe und die Apostel aus, was sie erlebt hatten. Obwohl es sich nun gerade nicht um einen der Götter, sondern um einen Menschen gehandelt hat, den alle gekannt hatten. Mit den bekannten Religionen hatte diese Erfahrung also gerade nichts zu tun. Wer aber diesen Geschichten glaubte, wurde Christ. Das Christentum beruht deshalb auf der Glaubwürdigkeit der ersten Zeu-

gen. Und genau an dieser Stelle gibt es von Anfang an bis heute die schärfsten Diskussionen. Ist das wahr, was die da behaupten?
Hier müssen wir die zweite Anforderung beachten: Das göttliche Geheimnis bleibt gewahrt und wird nicht durch scheinbare Erklärungen aufgelöst.
Die Wahrheitsfrage ist nicht mit der Behauptung unwahrscheinlicher Tatsachen verbunden. Sie hat nichts mit der Aufhebung der Naturgesetze zu tun, die man damals sowieso nicht in der Form kannte, wie wir sie heute kennen. Es geht nicht um Naturgesetze, es geht um Gott.
Was immer den Menschen nach dem Tode Jesu begegnete: Sie haben es als eine Gottesbegegnung verstanden, die aufs Engste mit Jesus zusammenhing. Oder als eine Jesusbegegnung, die von Gott nicht zu trennen ist. Diese Begegnung hat ihr Leben verändert und hat es unlösbar an die Worte und Taten Jesu von Nazareth - und dadurch an Gottes unsichtbare Wirklichkeit - gebunden.
Es bleiben also zwei Tatsachen. Eine ist unbestreitbar, eine kann man nur glauben: Unbestreitbar ist, daß es die Erzählungen der ersten Christen gibt. Glauben kann ich, daß sie von außergewöhnlichen Erfahrungen erzählen, die ihr Leben verändert haben. Letzteres ist übrigens wiederum eine Tatsache. Denn der Glaube der Christen wird durch ihr praktisches Leben bezeugt oder er wird durch ihr Leben widerlegt.
So und auf diese Weise wird das Wort Fleisch, wie das Johannesevangelium sagt. Das heißt, die unsichtbare Wirklichkeit Gottes begegnet und wird faßbar in menschlichen Erfahrungen und Worten.

4.
Die Erfahrungen der Frauen am Grab in Jerusalem und die Erfahrungen der Apostel sind allerdings nicht meine Erfahrungen. Ich halte ihre Erfahrungen für glaubwürdig. Aber das besagt wenig. Mein Glaube kann nämlich nicht nur aus zweiter Hand leben und sei es auch die Hand der Apostel. Ohne eigene Glaubenserfahrungen, und daß heißt Gotteserfahrungen, bliebe ein Glaube aus zweiter Hand so etwas wie eine Erfahrung im Museum. Etwas von gestern, von anderen, aber nicht von mir.
Nun kann ich Glaubenserfahrungen nicht einfach herbeizwingen. Aber: Auch der geistige Hunger ist eine Glaubenserfahrung, auch der Zweifel. Ich kann sehr wohl mit ehrlichen Fragen und leeren Händen sozusagen vor die Apostel treten und sie bitten: Füllt mir Herz und Hände. Ich kann mich auf ihre Geschichten einlassen und in ein Gespräch damit treten. Und ich werde Erfahrungen machen und Antworten finden. Das müssen keine Glaubensantworten sein; es können auch die der Enttäuschung sein. Dieses Risiko bleibt.
Übrigens: Es gibt auch die gar nicht so seltene Erfahrung, daß Menschen ganz einfach in den Glauben der Vorfahren hineinwachsen, daß sie ihn als ihren eigenen übernehmen und in ihrem Leben bewähren. Diese Men-

schen haben mit der Frage nach der Auferstehung wahrscheinlich keine großen Probleme. Sie können sie gut mit ihrem eigenen Leben verbinden. Wahrscheinlich gehört mein amerikanischer Freund Jerry zu diesen Menschen. Ich spreche heute aber stärker für die, die Fragen und Probleme, Zweifel und Anfechtungen haben. Die verstehen möchten, was sie glauben. Oder glauben möchten.

Am Anfang hatte ich aus dem Roman »Die unerträgliche Leichtigkeit des Seins« zitiert. An anderer Stelle schreibt Milan Kundera: »Es sind immer dieselben Fragen, die Teresa seit ihrer Kindheit beschäftigen. Wirklich ernsthaft sind nämlich nur die Fragen, die auch ein Kind stellen kann. Nur die naivsten Fragen sind wirklich ernsthaft. Es sind die Fragen, auf die es keine Antwort gibt. Eine Frage, auf die es keine Antwort gibt, ist eine Barriere, über die man nicht hinausgehen kann. Anders ausgedrückt: Gerade durch die Fragen, auf die es keine Antwort gibt, sind die Möglichkeiten des Menschen abgesteckt, die Grenzen seiner Existenz gezogen.«

Gelegentlich, und ohne daß wir das machen können, gibt es Erfahrungen, die diese Grenzen zwar nicht aufheben, aber doch erweitern. Das geschieht dann, wenn die sichtbare Welt durchlässig wird für eine unsichtbare Wirklichkeit, wenn sich das Jenseits im Diesseits meldet. Es gibt Gotteserfahrungen. Wem auch nur die Ahnung einer solchen Erfahrung zuteil geworden ist, der findet eine positive Antwort auf die Frage: Gibt es so etwas wie eine Auferstehung von den Toten? Das Wort »Auferstehung« muß dabei nicht fallen; aber was dieses Wort meint, wird deutlich sein: Leben auch jenseits der Schwelle des Todes.

Ich persönlich habe solche Erfahrungen in einem positiven Sinne gemacht. Anderen Menschen ergeht es kaum anders. Ich habe ein positives Verhältnis zu dem Wort »Auferstehung« gewonnen und zu dem, was es meint. Ich kann aber ehrlicherweise nur vorsichtig und behutsam davon sprechen. Es ist ein Wort des Glaubens, verbunden mit Erfahrungen und Zweifeln, mit falschen Behauptungen und Illusionen. Es ist ein schlechterdings unverzichtbares Wort, wenn ich mich zum christlichen Glauben bekenne.

Das Wort »Auferstehung« ist wie eine Tür, durch die Jesus, der Mann aus Nazareth, in mein Leben eintreten kann.

Die letzten Worte der Bibel lauten: »Komm, Herr Jesus! Die Gnade des Herrn sei mit euch allen.«

Leben ohne Ende

Text: Offenbarung 1,18 *Wolfhart Koeppen*

Ein Traum ist aus. Was kommt danach? Eine Aufgabe ist abgeschlossen, eine Erfahrung ausgeschritten, eine Liebe, gar ein Leben zu Ende gegangen. Und nun? Was kommt jetzt? Ist alles aus und vorbei oder beginnt etwas Neues, nie Dagewesenes?
Zeitlebens halten unsere Hoffnungen uns in Bewegung: weiter, immer weiter. Bis an die dunkle Grenze, die wir Tod nennen. Und darüber hinaus. Das kann doch nicht alles gewesen sein, da muß doch noch etwas kommen. Aber was? Die Neugier ist groß nach einer Stimme von »drüben«. Von jenseits des Grabes. Wir wollen - mit Recht - wissen, wohin alle unsere Wege führen und worauf alles hinaus will. Deshalb die viele Suche nach Erfahrungen mit dem Jenseits. Deshalb auch unter Zeitgenossen, die sonst ganz aufgeklärt und normal sind, ein Verlangen nach etwas, was mehr ist als nur vernünftig, logisch, natürlich. Mit den Toten reden, um etwas von ihren Erfahrungen in Erfahrung zu bringen; über den finsteren Graben des Todes hinausschauen; sich Kräfte zu eigen machen, die nicht von dieser Welt sind und deshalb verläßlich und von Dauer: Viele wünschen sich das, mehr oder weniger.
Was kommt danach? Worauf läuft alles hinaus? Was erwartet uns?
»Christus spricht: Ich war tot, und siehe, ich bin lebendig von Ewigkeit zu Ewigkeit und habe die Schlüssel des Todes und der Hölle.«
Das ist eine Stimme von jenseits des Grabes: Auch wenn unsere Träume verfliegen, wird es Leben geben. Auch wenn wir mit einer Liebe scheitern, wird Liebe für uns da sein. Auch wenn wir Abschied nehmen müssen - von Menschen, von Zielen, von Hoffnungen -, wird einer da sein, der uns mit offenen Armen aufnimmt. In eine Heimat ohne Grenzen. In ein Leben ohne Ende.
Das ist das Versprechen Christi. Die Wahrheit von Ostern. Die Aussicht, die sein Auferstehen öffnet.
Aber das ist, anders als für unser begrenztes Vorstellungsvermögen, keine Stimme von »drüben«, kein Anruf eines Toten aus dem Jenseits. Hier und dort, diesseits und jenseits gibt es ja nur für unsere Wahrnehmung; nur deshalb, weil wir nicht überblicken, was er, der Auferstandene und Lebendige, schon sieht: das der garstige Graben des Todes nur noch eine Täuschung unserer Sinne ist. Denn seit Ostern gibt's nur noch Leben. Hier und dort. Hüben und drüben. Und selbst das ist nur eine kümmerliche Beschreibung für eine Wirklichkeit, die unser Vorstellungsvermögen übersteigt und die keine Grenzen kennt. Ostern ist das endgültige »Aus« einer engstirnigen Sicht, für die mit dem Tod »alles aus« ist. Und es ist das endgültige Ja zu einem Leben, für das es keinen Tod, keine Hölle, keine Verdammnis mehr gibt, kein »Umsonst« mehr und kein »Aus und Vorbei«.

Jesu Auferweckung am dritten Tag nach seinem Sterben am Kreuz ist ja nicht die Wiederbelebung eines Toten, der später trotzdem und dann endgültig zur Beute des Todes wird. Sondern der Anfang vom Anfang. Der Feuerschein einer Zukunft, die kein Ende mehr kennt, und eines Lebens, das von keinem Abschied weiß. Jesu Auferstehung – das ist wie Gottes Pfand, das er selbst eines Tages einlösen wird: Seine Ewigkeit für unsere begrenzte Zeit mit allen ihren Enttäuschungen und Verletzungen. Gottes Leben für unser vergängliches Dasein, in dem alle Träume und alles Glück irgendwann zu Ende gehen. »Christus ist auferstanden von den Toten, und hat den Tod durch den Tod besiegt«, singt ein Osterhymnus der Osterkirche. Mit Christi Auferstehung hat der Tod als letztes Ende abgewirtschaftet. Gott hat einfach mehr mit uns vor, als er zu Lebzeiten einlösen kann. Genau dieses Mehr ist es, das Jesu Auferstehen am Ostermorgen unserer Zeit eingestiftet hat: Der Tod liegt hinter uns, auch wenn er sich noch mächtig Mühe gibt, uns zu erschrecken. Doch vor uns das Leben – Liebe, Vollendung. Und ein Gott, der sehnsüchtig auf uns wartet.
Wer das für sich gelten läßt, kriegt einen weiten Horizont. Lernt, nicht nur das Nächstliegende zu sehen. Die Pflicht, die uns tagtäglich einfängt. Die mühsame Beziehung, die uns das Lachen abgewöhnt. Die Angst davor, nicht mehr gebraucht, abgeschrieben, fallengelassen zu werden. Auch das unklare Gefühl, daß viele Errungenschaften und Erfolge nicht einlösen, was sie versprechen. Der österliche Blick bewahrt vor der fatalen Unterwerfung unter das, was angeblich ist, wie es ist. Nein, nichts ist nur so, und nichts ist endgültig.
Hüten wir uns darum vor der selbstzerstörerischen Ausrede: Nach mir die Sintflut. Überhören wir fröhlich und frech die Befehle, die gleichermaßen aus der Erfahrung wie aus unseren Ängsten kommen: Gib dich zufrieden. Bleib auf dem Teppich. Laß die Träume. Beschränk dich aufs Machbare. Im Gegenteil. Hören wir lieber auf die Stimme, die von jenseits des Todes uns zuruft und lockt: Gib nicht auf! Übe deine Kraft zum Widerstehen! Trau deinen guten Erwartungen mehr als deinen bösen Erwartungen. Glaub an dich, an deine Fähigkeit zum Guten! An deine Kraft zur Liebe! An die Dynamik deiner Hoffnung! Glaub daran, daß dein Glaube Berge versetzen kann! Denn er, Christus, unser Bruder von drüben, aus der Wirklichkeit des ewigen Lebens, hat die »Schlüssel des Todes und der Hölle«. Wo zuvor alle Lebensträume endeten, ist nun ein unendlicher Vorrat an Leben. Wir können ihn – wenn schon nicht begreifen oder gar beweisen, so doch in Erfahrung bringen. Das heißt: im eigenen Leben erproben, nutzen, genießen. Wie? Indem wir damit ernst machen, daß unser Leben in der begrenzten Zeit, die uns bleibt, eine Aussicht hat, ein Ziel, eine eindeutige Richtung: durch Enttäuschungen zur Freude; durch Kummer zum Glück; durch Fehler und Irrtümer zur Klarheit; durch Streit zum Frieden; durch Schuld zum Heilwerden; durch Niederlagen zum Auferstehen; durchs Sterben ins Leben.

Und dann, und dann? Dann wird herauskommen, wer wir sind, weil wir's immer schon waren: Geschwister Jesu Christi, des Lebendigen. Dazu bestimmt, neu anzufangen. Mit Gott. Mit uns selbst. Mit dem Leben. Mit allem. Denn dann werden wir ihn sehen, Christus, unseren Bruder und Gott, wie er ist. Sein letztes Wort ist kein anderes als das, was wir schon kennen: »Ich war tot, und siehe, ich bin lebendig von Ewigkeit zu Ewigkeit und habe die Schlüssel des Todes und der Hölle.« Darum kann unsere Antwort keine andere sein als die: Ich weiß, daß mein Erlöser lebt. Denn die Liebesgeschichte Gottes mit der Welt und mit uns, einmal begonnen, ist ohne Ende.

Lachen befreit

Traugott Schächtele

Ostern, liebe Gemeinde, vor allem auch liebe Kinder, Ostern ist das fröhlichste aller Feste im Kirchenjahr. Nicht so mit Gefühlen und Erwartungen besetzt wie Weihnachten. Und auch noch nicht so ganz seines Sinnes beraubt wie das Pfingstfest.
Ostern ist ein fröhliches Fest - so fröhlich, daß man an Ostern lachen kann wie sonst kaum. Der Tod - so lautet ja die Osterbotschaft - ist besiegt und hat ausgespielt. Und sogar in dem Lied, das wir gleich singen wollen, kommt von diesem Lachen etwas zum Ausdruck: Halleluja-ha-ha - Halleluja-haha. Das ist kein Zufall, sondern vom Komponisten ganz sicherlich so gewollt. Das Osterlachen ist geradezu sprichwörtlich geworden.
Wann lacht man? So müßte ich eigentlich jetzt die Kinder fragen. Mindestens drei Dinge fallen mir ein. Zum einen: Man lacht, wenn etwas komisch oder gar lustig ist. Man lacht auch, wenn man sich freut, daß uns irgend etwas, mit dem wir gar nicht so recht gerechnet haben, so ganz unverhofft geglückt ist. Mann kann aber auch jemanden auslachen.
Wenn Menschen über einen anderen lachen, ist das eigentlich nicht so schön. In den Ostergeschichten wird allerdings der Tod ausgelacht, weil er ausgespielt hat. Und dieses Lachen ist dann so etwas wie ein Glaubensbekenntnis. Den Glauben aus sich herauslachen - wann, wenn nicht an Ostern sollte das gehen?
Den drei Frauen, von denen wir in der Lesung gehört haben, war zunächst nicht zum Lachen zumute. Da kommen sie früh am Morgen zum Grab und finden das Grab leer. Und ein Bote Gottes sagt zu ihnen: »Was sucht ihr den Lebendigen bei den Toten? Er ist nicht hier. Er ist auferstanden!«

Zu wuchtig, zu massiv werden sie von der Osterbotschaft getroffen, als daß sie mit ihr gleich etwas anfangen können. Denn anstatt diese gute Nachricht dann gleich weiter in die Welt hinauszuposaunen, heißt es nur: »Zittern und Entsetzen hatten sie ergriffen. Und sie sagten niemanden etwas.« Vielleicht haben sie später einmal über ihre erste Reaktion so richtig lachen können. Denn manchmal ist das Lachen befreiender als noch so viele gut gemeinte und kluge Worte.
Ums Osterlachen soll's heute darum auch gehen in diesem Gottesdienst. Vier verschiedene Menschen stellen sich uns vor, die das Osterlachen am eigenen Leib erfahren haben. Bevor wir ihnen aber zuhören, singen wir von dem von mir angedeuteten Lied Nr. 103 die ersten beiden Strophen.

EG 103,1: Gelobt sei Gott im höchsten Thron

Der römische Legionär Tertius
Tertius heiße ich. Und ich bin römischer Soldat. Ich war nicht gerade begeisert, als ich nach Palästina versetzt wurde. Doch in dem einen Jahr, in dem ich dort Dienst getan habe, habe ich mehr erlebt, als in dreißig Jahren zuvor. Am merkwürdigsten aber war die Geschichte, als wir einen Toten bewachen mußten. Davon will ich euch erzählen:
Jesus hieß er. Und er war ungefähr so alt wie ich. Warum er hingerichtet wurde, das weiß ich gar nicht genau. Ich war froh, daß ich keinen Dienst hatte damals. Er soll sich zum König der Juden erklärt haben, glaube ich. Und obwohl er sicherlich nicht gefährlich war, hat sich Pilatus dazu hergeben lassen, diesen Jesus zum Tode zu verurteilen. Aber auf Einzelheiten kommt es jetzt gar nicht an.
Ich hatte damals meinen Osterurlaub schon eingereicht. Das weiß ich noch ganz genau. Runter ans Rote Meer wollte ich. Zum Baden. Da hieß es mit einem Mal: »Legionär Tertius, fertigmachen zur Wache!« Zusammen mit einigen Kameraden sollten wir also den Jesus bewachen. Zehn Soldaten für einen Toten. Damit er nicht gestohlen würde. Lächerlich! Manchmal gab er schon merkwürdige Befehle aus, dieser Pilatus. Er ist dann auch bald abgelöst worden.
Auf jeden Fall - und davon wollte ich euch erzählen - war es langweilig, dieses Wacheschieben. Wir haben mehr gedöst als gewacht. Doch mit einem Male wurden wir ganz schön munter. Die Erde fing an zu beben. Und es wurde so hell, daß ich das Licht kaum ertragen konnte. Aber gesehen hab' ich dann doch, was passiert ist: Der Stein vor dem Grab kullerte davon wie ein leeres Teerfaß. Helle Lichtgestalten liefen hin und her. Und unter ihnen der Totgeglaubte. Dieser Jesus - der ging einfach davon.
Aber er muß doch tot gewesen sein! Keiner hat damals eine Kreuzigung überlebt. Diese Menschen in Palästina, die müssen einen Glauben haben, der noch besser ist als der von uns Römern. Und einen Gott, der selbst Tote wieder lebendig machen kann.

Da läßt unser Statthalter mit der uns eigenen römischen Gründlichkeit das Grab eines Toten bewachen. Und den hält es einfach nicht im Grab. Nur weil die Gottheit irgend einer unserer Provinzen das so will. Ein Gott, der dem Kaiser das Nachsehen gibt!
Das gibt's doch nicht. Und mit einem Mal haben wir gelacht. So richtig gelacht. Und dann ging es uns schon viel besser. Ein Gott, der Tote lebendig macht. Das hatten auch wir Römer noch nicht erlebt. Da kann man schon ins Lachen kommen.

EG 103,3: Der Engel sprach: Ei, fürcht euch nicht!

Maria Magdalena
Ich bin Maria. Viele Frauen hießen so zu meiner Zeit. Obwohl ich eigentlich Mirjam heiße, wie die Schwester des Mose. Aber ihr habt aus Mirjam ja Maria gemacht. Und weil ich aus dem kleinen Städtchen Magdala am Ufer des Sees Kinereth herstammte, nannte man mich einfach Mirjam aus Magdala. Oder wie es in eurer Bibel heißt: Maria Magdalena.
Ich hatte Jesus viel zu verdanken. Schließlich hatte er mich von einer schweren Krankheit geheilt. Ich hatte schon lange geahnt, daß Jesus umkommen würde. Mit meinem wertvollsten Öl hatte ich ihn darum gesalbt. Auch wenn die klugen Herren darüber nur gelacht haben. Was hätte man mit dem Geld für diese Salbe alles anfangen können. Als ob Gefühle kein Recht für sich hätten. Na ja, da saßen eben zu viele Männer am Tisch damals.
Als Jesus dann wirklich tot war, da blieb mir als einziger Trost sein Grab. Nur wer schon einmal einen lieben Menschen hat hergeben müssen, kann ahnen, wie wichtig es ist, daß einem zumindest das Grab bleibt. Mann kann immer wieder Abschied nehmen. Und die Verbindung aufrecht halten. Aber als ich zum Grab kam, da war das Grab leer. Tränen der Hoffnungslosigkeit habe ich da geweint.
Bis einer der Parkaufseher kam oder auch ein Gärtner. »Weißt du, wohin sie Jesus gelegt haben«, fragte ich ihn. »Oder hast du ihn gar selber fortgetragen?« Und da nennt er einfach meinen Namen: »Mirjam!« Das hat schon genügt. Das hat mich umgehauen. Da stand Jesus vor mir. Und ich habe ihn nicht erkannt. Er war auch irgendwie anders. Aber seine Stimme. Das war schon genug für mich. Wie konnte ich ihn für den Gärtner halten?
Da fing ich mit einem Mal an zu lachen. Über meine eigene Dummheit vielleicht. Und vor Freude dazu. Petrus und Johannes haben mich nur ganz merkwürdig angeschaut. Aber wenn das kein Grund zum Lachen war, was denn sonst?

EG 103,2: Des Morgens früh am dritten Tag

Petrus
Ich bin Petrus. Ich brauche mich wohl nicht vorzustellen. Für großmäulig haltet ihr mich. Für einen, der seinen Herrn verleugnet hat. Ich hätte euch

in meiner Situation sehen wollen. Ich wollte den Prozeß miterleben. Und ich hatte Angst, man würde mich aus dem Palasthof rauswerfen, wenn man mich erkennt. Na ja, Jesus selber war am Ende doch etwas barmherziger mit mir als viele von euch. Aber eigentlich wollte ich euch etwas ganz anderes erzählen. Eine Geschichte von mir, die ihr vielleicht noch nicht kennt. Da kommt also Maria - ihr habt sie ja gerade kennengelernt - ganz aufgeregt zu uns und sagt: »Das Grab ist leer. Jesus ist fort!« Und da hat sie uns angesteckt mit ihrer Aufgeregtheit. Und schließlich wollten wir selber ja auch wissen, was los war. Und da sind wir zum Grab gerannt. Johannes und ich. Wie zwei kleine Lausbuben haben wir ein Wettrennen veranstaltet. Ich geb's zu: Johannes, der einige Kilos weniger zu schleppen hat als ich, hat das Rennen gewonnen. Aber reingetraut ins Grab hat er sich nicht. Da hat er erst gewartet, bis ich drinnen war. Und das Grab war wirklich leer. Das heißt: Die Tücher waren noch drin. Fein säuberlich zusammengelegt. Erst war uns ganz unheimlich zumute. Aber dann fiel es uns wie Schuppen von den Augen. Wenn jemand einen Leichnam stiehlt, legt er nicht auch noch die Tücher fein säuberlich zusammen. Nein, mit einem Mal waren wir ganz sicher: Jesus lebt! Und vor lauter Freude haben wir gelacht, bis uns die Tränen kamen. Einen fröhlicheren Grund zum Lachen kann es eigentlich gar nicht geben.

EG 103,4: Er ist erstanden von dem Tod

Kleophas
kleophas heiße ich. Ob ihr mich gleich erkennt, da bin ich nicht so ganz sicher. Aber auch ich möchte euch meine Erfahrung mit Ostern nicht vorenthalten. Da mache ich mich also mit meinem Freund auf den Nachhauseweg. Alles aus und vorbei. Richtige Karfreitagsstimmung. Und wer weiß, wer uns sonst aus unseren Gedanken hätte reißen können, wenn uns nicht plötzlich dieser Wanderer begegnet wäre.
Keine Ahnung hatte der von dem, was vorgefallen war. Und so konnten wir Gottseidank erzählen. Erzählen können, das tut gut. Und dann fing er an, dies alles hätte ja so kommen müssen. Erst wußte er von nichts. Und dann hat alles so kommen müssen. Aber irgendwie tat er uns gut. Und da es schon fast dunkel war, als wir in Emmaus ankamen - so hieß unser Heimatdorf - haben wir ihn zum Bleiben überredet.
Erst beim Essen gingen uns dann die Augen auf. Wie er das Brot gebrochen hat, so hat's nur einer gemacht. Jesus - bei uns am Tisch. Und wir hielten ihn für tot. Es hat uns dann gar nichts ausgemacht, daß wir nicht einmal gemerkt haben, wie er plötzlich verschwand. Hauptsache, daß uns klar geworden war: Gar nichts war aus. Jetzt ging es erst richtig los.
Da haben wir uns angesehen - und gelacht. Einfach gelacht. Wie konnten wir nur so blind sein! Aber jetzt waren uns die Augen aufgegangen. Und auf der Stelle ging's zurück nach Jerusalem. Die anderen dort sollten schließ-

lich auch etwas zu lachen haben. Wir konnten ja nicht ahnen, was dort schon alles los war. Und wieviel Grund zum Lachen es auch dort schon gegeben hatte.

EG 103,5+6: Nun bitten wir dich

Der verblüffte Missionar

Osterpredigt für eine Taufgemeinde *Götz Brakel*

Vor vielen Jahren, als es noch keine Autos und kein Fernsehen gab und viele Teile der Welt noch als unentdeckt galten, da könnte folgende Geschichte passiert sein.
Ein Missionar aus dem vernünftigen und zivilisierten Deutschland kam in eine Gegend nach Afrika, wo noch niemand etwas von Jesus und dem, was dem Volk Israel mit Gott passiert ist, gehört hatte. In dieser Gegend wohnte ein Volksstamm, der durch seine Pfiffigkeit in dem ganzen Land bekannt war. Sie kamen auf Ideen, die sich bei anderen Menschen nicht einstellen wollten. Als der Missionar davon hörte, dachte er bei sich, ich muß einmal herausfinden, was es damit auf sich hat. Sind die Leute wirklich so pfiffig, wie alle sagen oder nicht?
So kam der Missionar zu diesem Stamm und wurde gleich zum Häuptling geführt. Der Häuptling saß auf einem prächtigen Thron, an der Seite ragten zwei riesige Stoßzähne eines Elefanten heraus. Um den Hals hatte der Häuptling ein Löwenfell hängen. »Na«, dachte der Missionar: »Der sieht doch genau so aus, wie ich mir afrikanische Häuptlinge immer schon vorgestellt habe.« Er wurde dem Häuptling vorgestellt, und der fragte ihn, was er denn hier wolle. Dann brachte der Missionar sein Anliegen vor: »Ich habe gehört, ihr sollt so pfiffig sein. Darüber würde ich gern mehr herausfinden.« Da sagte der Häuptling: »Ach so pfiffig sind wir gar nicht; nur unsere Kinder. Die sind es alleine; und das ist unser ganzer Reichtum.« »Ja«, sagte der Missionar: »Dann möchte ich gern mit euren Kindern zu tun haben.« »Es sei dir gewährt«, sagte der Häuptling gnädig.
Da richtete der Missionar Schulunterricht ein; die Kinder hatten Lesen, Schreiben, Sachkunde, Religion zu lernen. Allerdings waren seiner Meinung nach die Kinder gar nicht so pfiffig, wie er gehofft hatte. Er versuchte, ihnen alles Wichtige beizubringen: wie die Hauptstadt von Frankreich heißt, was Tuwörter sind und wie man die Fläche eines Dreiecks ausrech-

net. Mit mäßigem Erfolg. Auch im Religionsunterricht war es nicht einfach. Doch eines Tages erlebte er etwas Besonderes.
Er hatte gerade den Kindern erzählt, wie Jesus zu Tode gekommen war und daß er nach drei Tagen nicht mehr bei den Toten, sondern wieder bei den Jüngern gewesen sei und ihnen Mut gemacht hatte. Weil der Missionar müde war, hatte er eine Idee, wie er sich ausruhen könne. Er sagte den Kindern: »Also ihr habt nun gelernt, was zu Ostern passiert ist. Geht 'mal durch die Steppe, immer zu dritt natürlich, oder geht an den Fluß oder sonst wohin; und überlegt euch, welche Tiere zu Jesu Tod und Auferstehung passen. Für die besten Ideen gibt es eine Belohnung.« Damit war er die Kinder für eine Zeitlang los.
Und nach einer halben Stunde kamen die ersten Kinder zurück. Und sie hatten ein Ergebnis, wie der Missionar es sich gewünscht hatte. Sie erzählen, wie sie in der Ferne einen Löwen brüllen gehört hatten. Das hatte Eindruck gemacht. Und so war es doch auch mit der Auferstehung; das macht doch auch großen Eindruck. »Alle erzittern vor der Macht und der Majestät dieses Ereignisses«, sagte einer. Das fand der Missionar gut, so hatte er sich das gedacht.
Dann kam die nächste Dreiergruppe schon herangelaufen. Ganz stolz erzählten sie, sie hätten am Fluß ein dickes großes Flußpferd gesehen. Es ist geschwommen, und als es dann ans Ufer gekommen ist und durch das Unterholz gelaufen ist, da knisterte und splitterte es nur so. Und das Flußpferd lief weiter, ohne sich beirren zu lassen. So eine dicke Haut und so viel Gewicht, das setzt sich gegen alles durch. »Und so ist es auch mit der Auferstehung. Das geht durch alles durch«, sagten die Kinder. Die Laune des Missionars wurde immer besser, die Kinder schienen so pfiffig zu sein, wie er es sich vorgestellt hatte.
Dann kam wieder eine Gruppe herbei, sie hatten ein kleines Schaf auf dem Arm. »Was habt ihr euch dabei gedacht?«, fragte der Missionar. »Ja, wir wissen auch nicht so genau. Aber dieses kleine Schaf, das haben wir gefunden. Es hat sich verlaufen, es war ganz hilflos. Hilflos wie Jesus es war, als er am Kreuz hing. Und weil es so hilflos war, dieses Schaf, und so weich ist, haben wir es mitgebracht. Fasse es einmal an!« Der Missionar war etwas ratlos. Ein Schaf, das soll Sinnbild für Ostern sein!? Aber als er es anfaßte, und es war so weich, da dachte er, da muß etwas dran sein.
Schließlich kam die letzte Gruppe, völlig außer Atem und ein bißchen spät. Als Entschuldigung erzählten sie ganz aufgeregt, sie hätten einen Hasen beobachtet. Wie er hin- und hergelaufen ist, so schnell, so lebendig. Sie hätten es versucht, ihn zu fangen, doch unmöglich, immer war er schon weiter als sie dachten. Sie liefen hinterher, weil sie sehen mußten, was er als nächstes macht. Dann fragten sie den Missionar: »War das falsch? Ist das nicht bei Ostern auch so, daß man immer hinterher laufen muß und es nicht zu fassen bekommt, weil Ostern so lebendig ist?« Dem Missionar blieben die Worte weg. Er war verblüfft. Nun wußte er, weshalb die Kinder aus

dieser Gegend als pfiffig galten. An Ostern ist Jesus schutzlos wie ein Lamm; das Ostergeschehen hat so viel Lebendigkeit wie ein Hase. Und wenn in der Heimat des Missionars Ostern nicht mit dem Osterlamm und Osterhasen gefeiert worden wäre, hätte der Missionar es bei seiner Rückkehr mit Sicherheit eingeführt. Amen.

Liturgische Texte

Begrüßung

Hannes-Dietrich Kastner

Willkommen am Ostermorgen!
Auch in der vergangenen Nacht wieder Sirenengeheul in Belgrad - und Menschen, die in Schutzräumen und Keller eilen.
Rose Ausländer schrieb einmal zu Ostern.

> Die glocken läuten,
> als überschlügen sie sich vor freude
> über das leere grab
>
> Darüber, daß einmal
> etwas tröstliches gelang,
>
> und daß das staunen währt
> seit zweitausend jahren

Das klingt herrlich.
Wenn es da im Kosovo nur nicht täglich neue Gräber auszuheben gäbe, Gräber, übervoll belegt.
Dann wäre Rose Ausländers Text also ganz ohne Bezug zu unserer Welt-Wirklichkeit?
Keineswegs! Denn Rose Ausländer schließt ihr Ostergedicht mit den Zeilen:

> Doch obwohl die glocken
> so heftig gegen die mitternacht hämmerten -
> nichts an finsternis sprang ab

Es bleibt somit noch viel auszuhalten
und sehr viel zu tun,
damit mehr und mehr »an finsternis abspringt«
in uns und um uns her.
Das Geläut der Glocken ist nur ein Zeichen für die Freude.
Die Freude in uns können die Glocken nicht ersetzen.
Die Freude muß schon in uns selber wachsen,
um sich dann auch nach außen hin auszuwachsen.
Gut, wenn wir uns alle Jahre wieder dem Wurzelgrund
der österlichen Freude zuwenden.

Hannes-Dietrich Kastner

Das Zu-Bett-Gehen und das Einschlafen,
so hörte ich sagen,
sei ein kleines Sterben;
und das Aufwachen und Aufstehen am Morgen
sei folglich so etwas
wie eine kleine Auferstehung.
Erlaube mir,
Gott, daß ich dies als Gleichnis nehme
und mich jetzt herzlich daran freue.
Denn diese Nacht -
sie gab mich in der Frühe wieder frei.
Die Nacht -
sie wurde über Nacht für mich zur Osternacht.
Ich glaube, weiß, ich hoffe,
Gott,
du wirst auch mich am Jüngsten Tag mit Namen rufen -
so wie du Christi Namen nicht verloren gabst.
Dank für die Nacht,
die schwand -
und Dank für alle Nächte,
die noch schwinden werden.
Dank für den Morgen,
der mir diesen Tag eröffnet.
Dank für den Aufbruch Tag für Tag
bis endlich alles Morgen heißt und Licht.
Amen.

Eckhard Herrmann

Nichts muß bleiben, wie es ist.

Denn du, Gott,
machst alles neu.

Schwachen gibst du wieder Kraft,
Traurige läßt du wieder lachen,
Verzweifelten schenkst du wieder Hoffnung
und Tote erweckst du zum Leben.

Du verwandelst jedes Ende in einen neuen Anfang.

Durch Jesus Christus,
der den Weg gegangen ist, den auch wir gehen können,
voller Vertrauen in den Heiligen Geist,
der uns führt und geleitet
alle Tage
bis ans Ende der Welt.

Amen.

Eingangsgebete

Wolfhart Koeppen

Herr, unser Gott,
wo es nur noch Ende gab,
hast du einen Anfang gemacht,
der ohne Ende ist.
Nun brauchen wir nicht mehr
an den Tod zu glauben.
Wir können dir vertrauen
und deiner lebenschaffenden Kraft.
Wir bitten dich:
Führe heraus aus den Gräbern,
die uns festhalten wollen.
Überwinde jetzt und in aller Zeit
unsere Tode mit deinem Leben!

Wolfhart Koeppen

Du Gott des Lebens –
mit wieviel toten Gewohnheiten schleppen wir uns ab,
wie viele tödliche Selbstverständlichkeiten nehmen wir hin,
wie viele Hoffnungen haben wir schon begraben!
Komm, Gott des Lebens,
komm, und wecke uns auf!
Laß uns aufstehen aus Selbstsicherheit und Angst

und mit Jesus, deinem Sohn, dem Auferstandenen,
den Schritt in ein ungewohntes, neues Leben tun.
Dann werden Zweifel schwinden und Wunden heilen.
Die Angst wird vergehen und die Hoffnung wird wachsen.
Erlöst werden wir sein, frei und lebendig,
wie Jesus, der uns vorangeht auf dem Weg ins Leben.
Ihm laß uns folgen.

Arno Schmitt

Tag der Herrlichkeit

Mit diesem Morgen, Christus,
der von deiner Auferstehung erzählt,
nehmen unsere Gedanken eine neue Richtung,
unsere Gedanken an Menschen,
die wir geliebt haben und die nun nicht mehr bei uns sind.
Mit diesem Morgen, Christus,
der von deinem Sieg über den Tod erzählt,
bekommt unsere Wehmut ein neues Gewand,
unsere Wehmut, die weiß,
daß wir in diesem Leben nichts festhalten können.
Mit diesem Morgen, Christus,
der vom Triumph deines Lebens erzählt,
verwandelt sich unsere Hoffnungslosigkeit,
die müde geworden ist,
in neues Leben.
Denn dein Leben, so sollen wir begreifen, ist unser Leben.
Nichts und keinen gibt es verloren.
Dem Tod hat es die Macht genommen,
der Wehmut den Stachel.
Und alles, was in Liebe begonnen wurde,
aber Stückwerk geblieben ist,
findet zum Ziel.
Was für ein Tag, Lebendiger!
Tag der Herrlichkeit!
Tag deiner Herrlichkeit!
Laß uns aufgehen in ihm!
Laß ihn eindringen in uns,
eindringen in alles, was lebt,
porentief, ganz:
Nichts mehr soll uns das Bürgerrecht in deiner Stadt streitig machen,
nichts mehr uns trennen von dir,
dem Erstling des Lebens!

Arno Schmitt

Solange du mitgehst

Solange du mitgehst, Christus,
du,
das Brot, das alle Menschen sättigt,
du,
das Wasser, das aller Menschen Durst löscht.
Solange du mitgehst,
Christus,
dessen Tod dem Leben aller Menschen Spielraum gibt.
Solange du mitgehst,
werden Menschen schmecken und sehen,
laufen und nicht matt werden,
wandeln und nicht müde werden,
einander zum Leben verhelfen mit aller Liebe,
zu der sie fähig sind,
mit dem Brot, das sie teilen,
mit der Zeit,
die sie füreinander bereithalten,
mit dem Wort, das sie sich nicht schuldig bleiben.
Solange du mitgehst, Christus,
werden Menschen in der Kraft deines Geistes
einander zum Leben helfen.
So geh' mit uns, damit sich herumspricht:
Das Leben - es ist zu stark für den Tod!

Kyrie

Arno Schmitt

Lebenszeichen

Herr, es ist wahr:
Wir sind schlechte Vertreter der Hoffnung,
die du uns durch deinen Tod teuer erkauft hast.
Wir spiegeln von ihr nur wenig wider.
Manchmal könnte man meinen,
Botschaften anderer Herren mit anderen Karrieren,
anderen Insignien, anderem Programm trauten wir mehr.
Vergib uns!

So viele Menschen, Herr, du weißt,
sind angewiesen auf erkennbare, glaubhafte Zeichen der Hoffnung:
Menschen, die unter Unrecht leiden,
der Gewalt ausgesetzt sind,
deren Leben sie in seiner Rastlosigkeit
und Unerbittlichkeit nur noch überfordert
oder umgekehrt
in seiner Begegnungs- und Beziehungslosigkeit
sie nur noch langweilt und immer einsamer macht.
Mache uns, deine Gemeinde,
zu verläßlichen Kündern und Künderinnen deines Schalom:
der Tod soll sie nicht länger zur Beute haben in deiner Welt!

Psalm

Arno Schmitt

Meine Freude an dir

Meine Freude an dir, Herr, ist die geheime Kraft, von der ich lebe.
Sie ist das Aufatmen zwischen den Strapazen.
Sie ist der Tatendrang, wenn die Müdigkeit überwunden ist.
Sie ist das Öffnen meiner Hand, wenn ich nichts mehr festhalten muß.
Sie ist das Wort der Vergebung, das den neuen Anfang ermöglicht.
Sie ist die Geste des Trostes, die der Trauer wehrt.
Sie ist der Mut, der die Angst überwindet.
Sie ist die Muße, die mir meine Zeit zum Geschenk macht.
Meine Melodie auch, die die Klage dieser Welt für einen Augenblick zum Schweigen bringt.
Meine Freunde an dir, Herr, lebt aus deinem Leben,
das den Tod zur Strecke gebracht
und seinen Engel hat ausrichten lassen: »Fürchtet euch nicht!«

Osterlob (Gloria)

Mit Lied EG 100 (Wir wollen alle fröhlich sein) *Wolfhart Koeppen*

»Gelobt sei Gott, der Vater unseres Herrn Jesus Christus, der uns nach seiner großen Barmherzigkeit wiedergeboren hat zu einer lebendigen Hoffnung durch die Auferstehung Jesu Christi von den Toten.« (1. Petrus 1,3)

Christus ist auferstanden. Als der Lebendige tritt er in unser Leben. Keine Furcht soll uns lähmen. Keine Enge uns behindern. Nichts unser Leben sinnlos machen. Denn Christus steht für uns ein.
Darum loben wir ihn, der alles neu macht:
V. 1: Wir wollen alle fröhlich sein ...

Christus ist auferstanden. Zu ihm führen und bei ihm enden alle Kreuzwege dieser Welt. Woran Menschen leiden und was sie anderen an Leiden zufügen, darf das Leben nicht endgültig zerstören.
Darum loben wir ihn, der uns Zukunft und Hoffnung gibt:
V. 2: Es ist erstanden Jesus Christ ...

Christus ist auferstanden. Auch wo Menschen einander das Leben zur Hölle machen und Gottes Schöpfung bedrohen, steht er für das Leben ein. Er gibt uns und seine Erde nicht auf, sondern holt uns heraus aus den Teufelskreisen der Zerstörung.
Darum loben wir ihn, der uns befreit:
V. 3: Er hat zerstört der Höllen Pfort ...

Christus ist auferstanden. Er überwindet alle Trennungen, befreit von allen Ängsten und verbindet Menschen aller Rassen, aller Nationen und aller Religionen zu einer neuen Gemeinschaft.
Darum loben wir ihn, der die Erde erneuert:
V. 4: Es singt der ganze Erdenkreis ...

Christus ist auferstanden. So ist er auch jetzt in unserer Mitte lebendig. Er traut uns zu, einem neuen Himmel und einer neuen Erde den Weg zu bereiten. Und er gibt uns, was wir dafür brauchen: Glaube, Hoffnung und Liebe.
Darum loben wir ihn, der seine Kirche erwählt und erhält bis ans Ende der Zeiten:
V. 5: Des freu sich alle Christenheit ...

Zum Abendmahl

Gebet vor dem Abendmahl *Wolfhart Koeppen*

Christus, Auferstandener,
Du, unser Freund und Bruder und Herr:
Wir suchen dich, wir fliehen vor dir,
wir glauben, wir zweifeln -
aber du gehst uns nach und läßt uns nicht fallen.
Du bist uns voraus und lockst uns, dir zu folgen.
Du öffnest uns die Augen für deine Gegenwart.
Du machst uns Mut zur Hoffnung, zu einem Leben mit dir.
Du bittest uns an deinen Tisch,
um bei Brot und Wein dein Leben mit uns zu teilen.
Das ist mehr, als wir verstehen.
Deshalb danken wir dir und loben dich -
nicht ohne Furcht, und doch mit großer Freude.

Gebet nach dem Abendmahl *Wolfhart Koeppen*

Du, Gott des Lebens:
Wir haben miteinander Brot gegessen und Wein getrunken
am Tisch Jesu, unseres erstgeborenen Bruders.
Wir haben das Fest des Lebens gefeiert
im Namen Christi, des Auferstandenen und Lebendigen.
Er ist unser Friede.
Er ist unsere Hoffnung.
Er ist die Zukunft, der wir entgegengehen.
Und keine Macht der Welt - und sei es selbst der Tod - kann uns von ihm und seiner Liebe trennen.
Wir danken dir dafür.
Laß uns das nicht vergessen, wenn wir uns freuen,
und erst recht nicht, wenn wir uns fürchten müssen.
Sein Friede begleite uns.
Seine Liebe beflügle uns.
Seine Freude rühre uns an,
damit unser Leben das Seine widerspiegelt
und wir zu Botinnen und Boten Jesu Christi werden,
dem alle Macht gegeben ist im Himmel und auf Erden.

Fürbitten

Arno Schmitt

Sei ihnen gut

Jesus, du bist frei. / Der Tod hat dich nicht festhalten können. / Niemand muß mehr traurig sein. / Deine Jünger und Jüngerinnen mußten es nicht mehr und wir müssen es auch nicht mehr. / Und doch sind da viele, die es noch gar nicht richtig glauben können. / Für alle diejenigen bitten wir dich, Kinder und Erwachsene, die krank sind und im Bett liegen müssen. / Sei ihnen gut und laß sie spüren, / nein, / Angst brauche ich keine zu haben, / nicht vor den Schmerzen, / nicht vor dem Tod! / Für alle diejenigen bitten wir dich, Kinder und Erwachsene, die mit dem Auto unterwegs sind. / Laß sie geduldig und fröhlich bleiben, auch wenn sie nicht so schnell vorankommen, und achte auf sie, daß sie nicht zu Schaden kommen! / Für alle die, die heute arbeiten müssen, bitten wir dich: für die Leute in den Redaktionsstuben, im Radio und im Fernsehen, / für die Ärzte, Schwestern und Krankenpfleger in den Krankenhäusern, / für die Polizisten auch, die auf den Verkehr aufpassen müssen. / Laß auch sie bei ihrer Arbeit ein bißchen fröhlicher sein als sonst! Für alle alten Menschen bitten wir dich, die heute zu Hause bleiben müssen, weil sie nicht mehr so gut gehen können. / Laß sie nicht denken, so ist es halt im Leben, traurig aber wahr ..., sondern schenke ihnen von der Osterfreude ein ganz besonders großes Stück! Wir bitten dich für uns alle: / Laß uns niemals mehr vergessen, daß du lebst – und mit dir in tausend Farben und immer neuen Entdeckungen, großen und ganz kleinen: die Hoffnung und die Liebe, deines Lebens Geschwister!

Eckhard Herrmann

Wir danken dir, Gott.

Du hast Jesus vom Tode auferweckt,
damit wir uns dem Leben zuwenden.

Neu anfangen,
mutig und zuversichtlich in die Zukunft schauen,
voller Vertrauen aufeinander zugehen,
Frieden suchen –
du, Gott, gibst uns die Kraft dazu.

Wir bitten dich, Gott,
mache uns offen für Menschen,
die sich ihres Lebens freuen,

die zufrieden sind mit dem, was sie sind und was sie haben:
Gesundheit, Ansehen, Wohlstand -
und laß uns neidlos an ihrer Freude teilhaben.

Wir bitten dich, Gott,
mache uns aufmerksam und empfindsam für Menschen,
die unsere Hilfe brauchen:
Arme und Kranke,
Trauernde und Sterbende,
Obdachlose und Asylsuchende,
Entmutigte und Überforderte -
und laß uns mit ihnen und für sie Wege suchen,
die sie aus der Dunkelheit wieder ins Licht führen.

Wir bitten dich, Gott,
mache uns empfänglich für deine Nähe und für deine Liebe,
die du uns - jeder und jedem in besonderer Weise -
täglich neu schenkst

durch Jesus Christus,
der mit dir und dem Heiligen Geist
lebt und Leben schafft
alle Tage bis ans Ende der Welt.

Amen.

Schlußgebet

Wolfhart Koeppen

Jesus Christus, du unser Freund, Bruder und Herr:
Auch wenn wir's nicht glauben können
oder nicht wahrhaben wollen,
ist es wahr:
Dir gehört alle Macht im Himmel und auf Erden -
dir, und nicht den Mächtigen, die über uns bestimmen und uns beherrschen;
dir, und nicht den Mächten, die unsere Welt prägen und im Begriff sind, sie zu zerstören,
als seien sie die Herren über Tod und Leben.
Wir vertrauen darauf:
Dein Wort wird Recht behalten -

nicht das Gerede derer, die uns sagen:
Man muß die Dinge nehmen wie sie sind,
wir können doch nichts ändern.
Du hast damit bereits begonnen,
du Herr des Lebens.
Noch ist deine Macht verborgen.
Aber du redest uns an und machst uns Mut, deine Zeugen zu sein:
zu lieben, wo Feindschaft herrscht;
zu vergeben, wo Vorwürfe trennen;
Gerechtigkeit zu schaffen, wo Menschen leiden;
Frieden zu stiften, wo Streit ist;
die Schöpfung zu schützen, wo Gottes Ordnung in Gefahr ist.
Jesus Christus,
du bist Herr, wo man dir dient.
Diese Freiheit laß uns erfahren.
In dieser Freiheit laß uns leben.
Diese Freiheit hilf uns ausbreiten.

Meditationen

Heinz-Martin Krauß

Verwandlung

Eine Blume.
Wir freuen uns über ihre Schönheit -
über ihre Form - ihre Farbe - ihren Duft.
Sie scheint zwischen Himmel und Erde zu schweben,
wie der Blick von Liebenden,
verbindet das irdische Leben mit überirdischer Schönheit,
ist vollendete Harmonie,
läßt die Saiten unserer Seele erklingen.
Wie gebannt zieht sie unsere Blicke an.
Und doch -
für sie muß das Samenkorn sich verwandeln,
seine Form, seinen Körper negieren,
einen Sproß, eine Pflanze hervorbringen - wachsen lassen,
bis eine Knospe aus ihm hervorbricht.
Doch auch die Knospe muß ihre Gestalt wandeln,
muß sich aufgeben, um Blüte zu werden.

Und wir wissen –
auch die Blüte wird vergehen,
wird welken, schrumpfen, vertrocknen – sterben
und zu Erde werden.
Und etwas ganz Neues wird entstehen.

Heinz-Martin Krauß

Das Versprechen

Jesus, Zimmermann aus Nazareth,
du bist mit den Menschen gegangen,
und die Menschen kamen zu dir.
Viele haben dich bewundert,
und sind dir gefolgt.
Andern ist die Macht geschwunden
die Antwort war Tod am Kreuz.
Wer wird jetzt noch mit uns gehen?
Wer wird uns begleiten?

Der Stein des Todes ist weggerollt
Gott hat uns nicht verlassen.
Er ist das Leben in Ewigkeit,
das hat er uns versprochen.

Osterlachen

Arno Schmitt

Er lebt.
Der Stein hat Füße bekommen.
Auch andere Verschlüsse schlossen nicht mehr.
Die Hölle hat ihre Rechnung ohne den Wirt gemacht.
Die ihn bewachten sollten
mit Feuer und Schwert,
Eisen und Panzer,
konnten sich nicht länger
auf den Beinen halten,
schliefen einfach ein!

Bedingungswechsel:
Nein, wie es ist,
ist es nicht mehr!

Die Lage
hat sich geändert:
Alles Wandlung,
so das Leben, so der Tod!
Es ist genug, hör' ich sie reden.
Nein,
so seine Widerrede:
Es beginnt!
Ich kann das nicht, so mein Spruch.
Doch,
ich brauch' dich:
So sein Widerspruch!

Auferstanden.
Frei das Leben.
Der Tod am Ende.
Er lebt.
Worauf warten wir noch?

»Auf dem Weg der Frauen zum leeren Grab«

Brigitte Becker

I. Karsamstag, Ende unter dem Zeichen der Dornenkrone.
Karsamstag, Totenstille, Erinnerung an das Grauen.
Sie waren eingefangen von dem Drama, das hinter ihnen lag. Stundenlang hatten sie unter dem Kreuz gestanden, keine würde je sein Gesicht vergessen und sein Leid.
Keine von ihnen hatte ihm helfen können. Hilflos hatte ihre Liebe sie unter dem Kreuz gehalten.
Karsamstag, Zeit der Trauer, mit brennenden Augen und müdem Herz.
Begraben die Hoffnung auf Veränderung, nur leere Gedanken, die das Geschehen nicht fassen konnten, damals wie heute.
Verschlossen das Leben im tiefen Grab. Wer wälzt den Stein von des Grabes Tür?
Das macht die Trauer mit Menschen, da kriecht das Gefühl die Beine herauf, nie wieder gehen zu können. Sein, wie ein Stein.
Sie hatten sich zurückgezogen und spürten die Last, das Leid, die Nacht.
Jesus ist tot. Alles zuende.
In solchen Momenten weiß ich, fressen der Zorn und der Zweifel, das Nicht-verstehen-können und die Ohnmacht, die Kraft aus dem Herzen, damals wie heute.
Nichts macht mehr Sinn, alles ist in das Dunkel der Trauer gehüllt. Schwarz ist diese Nacht.

Musik (instrumental, z. B. Orgelimprovisation)

II. Seine Dornenkrone hatten sie ihm abgenommen, legten ihn ohne die Würde ins Grab.
Dorthin zog es die drei, Maria von Magdala, Maria, die Mutter des Jakobus und die Salome.
Einziger Ort, an den sich für sie noch eine Sehnsucht band. Nur dem Toten war noch Gutes zu tun, besser als das Leben auszuhalten. Es regte sich eine Sehnsucht in ihnen, für die Liebe eine Geste zu finden, die über den Tod hinaus bleiben und wirken konnte. Eine Geste der Zuneigung mitten in dem Verlust. Die Liebe ihrer Herzen suchte einen Weg –
Die Hoffnung, irgend etwas tun zu können, brachte sie in Bewegung hin zum Grab. Sie gingen, um Salben und Öle zu bringen. Sie gingen, ihre Zärtlichkeit zu leben.
Und begegneten dem Wunder mitten in der Nacht ihrer Verzweiflung:

Lesung von Mk 16,1-8

Lied: Christ ist erstanden, EG 99

Lieder

Die Frauen gehn am frühen Morgen *Ulrich Tietze*

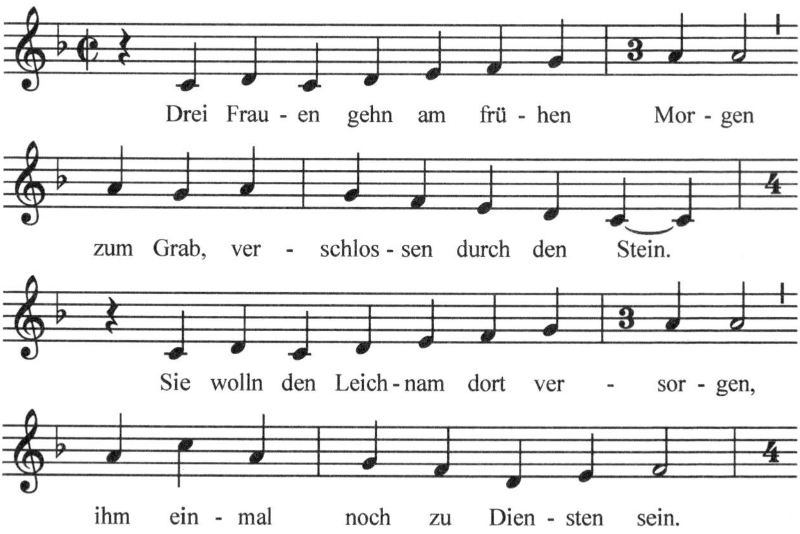

2. Und diese Nachricht gilt noch immer, / nimmt durch die Länder ihren Lauf / und bringt so manchen Hoffnungsschimmer, / hilft vielen, die da liegen, auf. / In manchen kleinen Alltagswelten, / wo alle Hoffnung längst zerrann, / will uns die alte Botschaft gelten: / »Das Leben fängt noch einmal an!«

3. Wo Menschen die Versöhnung wagen, / wo sie nach bösem, tiefem Streit / sich neu das Wort der Liebe sagen / und finden zur Gemeinsamkeit, / wo Menschen nicht im Haß erblinden, / wo das Vertrauen neu begann, / dort wird die Botschaft Räume finden: / »Das Leben fängt noch einmal an!«

4. Zwar werden wir die Welt nicht heilen, / und manches bleibt wohl ohne Sinn. / Doch wo wir diese Botschaft teilen, / ist stets ein Platz für Neubeginn. / Auch Leiden wird uns nicht zerstören, / weil es uns nicht bezwingen kann, / wenn wir auf diese Worte hören: / »Das Leben fängt noch einmal an!«

Musik: Peter Elster, Text: Ulrich Tietze, Rechte bei den Autoren

Als Glaube ohne Zukunft schien
- Ein Lied zum Osterfest -
(Mel.: »Nun danket all und bringet Ehr«)

Ulrich Tietze

1. Als Glaube ohne Zukunft schien,
vernahm man seinen Schrei.
Am Kreuz hing er – sie sah'n auf ihn
und standen stumm dabei.

Doch Glaube wurde neu entdeckt
und gibt dem Leben Sinn.
Gott hat den Toten auferweckt -
Gott schafft den Neubeginn.

2. Als Liebe keinen Platz mehr fand,
erstickt von Haß und Zorn,
da herrschte Dunkelheit im Land.
Und niemand sah nach vorn.

Doch Liebe wurde neu entdeckt
und gibt dem Leben Sinn.
Gott hat den Toten auferweckt -
Gott schafft den Neubeginn.

3. Als Hoffnung ganz zerbrochen schien
im Kreuz auf Golgatha,
da klagten viele laut um ihn,
den man dort sterben sah.

Doch Hoffnung wurde neu entdeckt
und gibt dem Leben Sinn.
Gott hat den Toten auferweckt -
Gott schafft den Neubeginn.

Der Weg nach Emmaus

(Mel.: Der Tag ist um, die Nacht kehrt wieder
oder: Damit aus Fremden Freunde werden)

Ulrich Tietze

1. Und es geschah: Zwei Jünger gingen
zu einem kleinen Dorfe hin.
Sie sprachen von all diesen Dingen,
verstanden aber nicht den Sinn.

2. Da ist ein Dritter dann erschienen,
der hat sich ihnen zugewandt.
Gemeinsam ging er nun mit ihnen,
doch haben sie ihn nicht erkannt.

3. Sie war'n verstört wie unter Schlägen,
bis jener Fremde dann begann,
ihnen die Schriften auszulegen
und Gottes Plan von Anfang an.

4. Weit hatten sie den Weg beschritten,
schon hat sich dort das Dorf gezeigt.

Und sie begannen, ihn zu bitten:
»Bleib doch - der Tag hat sich geneigt.«

5. Sie hörten ihn das Dankwort sprechen
im Gasthaus dann am Tische dort.
Sie sahen ihn das Brot auch brechen -
doch unvermittelt war er fort.

6. Nun fehlte ihnen der Begleiter,
doch freudig hat ihr Herz gebrannt.
So trugen sie die Botschaft weiter,
daß Jesus Christus auferstand.

7. Sie tragen heute unsre Namen:
Daß uns der Tod nicht mehr erschreckt,
weil jene Worte zu uns kamen:
»Der Tote wurde auferweckt!«

8. Laßt uns die Botschaft weitertragen
in Dorf und Stadt, in jedes Land -
laßt uns die Worte weitersagen,
daß Jesus Christus auferstand.

Osterkanon: Wie der Vogel aus dem Ei gekrochen *Gottfried Brezger*

Eigentlich bin ich skeptisch gegen Natursymbolik zur Verdeutlichung christlicher Botschaft. Die Auferweckung aus dem Tod ist nun mal kein Frühlingserwachen. Aber das Bibelwort aus dem Mittelalter hat es mir doch angetan: knapp an der Banalität vorbei spricht es mich wegen seiner Originalität an. Da wird der Tod zerbrochen, weil Leben anders nicht entstehen kann. Das erinnert an Jesu Bildwort vom Weizenkorn, das in die Erde fallen und ersterben muß, damit neues Leben, Frucht daraus erwachsen kann (Joh 12,24).

Wie nun der Originalität des mittelalterlichen Bildworts entsprechen? Ein Ei ist nicht rund, deshalb der ungerade 5/4-Takt; das Auffliegen des Vogels, wie die Auferstehung, findet im großen Oktavsprung der Frauenstimmen ihren Ausdruck. In ausholender Bewegung setzen die Männerstimmen ostinat ihr Halleluja dagegen, so daß flatternde Unruhe mit hymnischer Gelassenheit in einem immer wieder neu anhebenden Dialog steht.

Das Kanon-Singen erlaubt uns, unsere gegensätzlichen Seiten im inneren Dialog zum Klingen zu bringen. Es setzt allerdings voraus, daß wir im Zusammenhang der Stimmen die eigene nicht verlieren. Um so größer ist die Freude, wenn es gelingt, daß verschiedene Leute dasselbe zu verschiedenen Zeiten singen - eine gute Übung für die Mündigkeit in unseren Gemeinden.

Oster-Kanon nach einem Bildwort aus dem Mittelalter (2stimmig mit ostinatem Baß)
Kanon: Gottfried Brezger, 1996

Die Autorinnen und Autoren

Pfarrerin Brigitte Becker, Speyer; Pfarrer Götz Brakel, Gleichen; Pfarrer Gottfried Brezger; Berlin; Dekan Dr. Ludwig Burgdörfer, Landau; Pfarrerin Klaudia Busch-W., Schweich; Pfarrer Kurt Dohm, Bremen; Peter Elster, Neetze; Pfarrer Hansjörg Haag, Wächtersbach; Pfarrer Ulrich Haag, Aachen; Pfarrer Dr. Dieter Heidtmann, Stuttgart; Pfarrer Rainer Heimburger, Weinheim; Pfarrer Dr. Rolf Heinrich, Gelsenkirchen, Pfarrer Helmut Herberg, Ulm; Pfarrer Eckhard Herrmann, Baldham; Pfarrer Dr. Wolfgang Herrmann, Holzappel; Pfarrer Hannes-Dietrich Kastner, Worms; Pfarrer Dr. Jürgen Kegler, Mosbach; Pfarrer Wolfhart Koeppen, Ortenburg; Kirsten Kötter, Frankfurt/Main; Pfarrer Ulrich Kohl, Bonn; Pfarrer Heinz-Martin Krauß, Bremen; Pfarrer Rainer Mischke, Immenstadt; Dekan Dr. Traugott Schächtele, Freiburg/Brsg.; Pfarrer Christoph Schmidt-Ehmcke, Münster; Pfarrer Arno Schmitt, Mannheim; Pfarrer Helmut Siegel, Hildesheim; Pfarrerin Kerstin Sommer, Stuttgart; Pfarrer Hartmut Stuber, Korntal-Münchingen; Pfarrerin Dr. Roselies Taube, Lübeck; Pfarrer Ulrich Tietze, Neetze; Dekan i. R. Klaus Zillessen, Ettenheim